シリーズ旅する日本百選③

一宮を訪ねる旅

編

はじめに

本書は「旅する日本百選」と題して、日本が国内外に誇る歴史的建造物や資産などを紹介するシリーズです。

今回は「一宮を訪ねる旅」と題して、東日本と西日本の「神社」を紹介しています。その数は合計で100を超えますが、各神社近くの立ち寄りスポットを加え、旅のガイドとして楽しんでいただけるような内容を目指しました。

日本各地にある神社は8万社を超えます。その中から、どの神社を掲載するのか。考えた末にテーマとしたのが「一宮」です。

本書では、「全国一の宮会」に所属している神社を基本に掲載しています。さらに、ぜひ訪れてほしい神社（勅裁社）として、熱田神宮や伊勢神宮なども紹介しています。

「一宮」とは、平安時代に生まれたと考えられていますが、諸説あって定かではありません。延長5（927）年に編纂された『延喜式神名帳』には、国や郡ごとに主要な神社が記載されおり、その数は3000近くになります。任地に赴いた国司が、それらの神社の中から、その土地の平穏と豊穣を願って、最初に参拝するのが一宮、そして、次に参拝するのが、二宮、三宮とされたとも言われます。

しかし、時代が進み、政治の体制が変わると、「一宮」とされた神社も変化し、新しく加わったり、減ったりもしています。いわば「一宮」は、その時代を代表する神社ともいえるのではないでしょうか。

平成10（1998）年に発足した「一の宮巡拝会」は、神社本庁が作成した「全国一の宮表」のほか、一宮に関わる学術書籍などを基に所属神社を定め、さらに、北海道や沖縄などの由緒ある神社を「新一宮」として加えています。そのすべてに参拝すると「全国一の宮巡拝成就の証」を受けることもできます。詳しくは同会ホームページでご確認ください。

本書では各地の「一宮」神社の由来や縁起のほか、笹生衛國學院大學博物館館長のインタビューなども掲載しています。読んでいただくとわかりますが、神社は「願う」だけの場所ではなく、自然の恵みや生きて今ここに在ることを「感謝」する場所でもありました。

本書を手にして一宮めぐりの旅をすることで、みなさまの人生が、より豊かなものになるよう願ってやみません。

神社の基本用語

☑ 鳥居(とりい)

神社の神域の入り口を示す門。複数ある場合は、参道入口に設けられる最も大きな鳥居を「一の鳥居」と呼ぶのが一般的。形や素材はさまざまある。

☑ 本殿(ほんでん)

正殿とも言う。祭神が鎮座する最も神聖な場所。通常は鍵をかけられており、祭祀の際などに開かれる。幣殿や拝殿などと繋がっている形態と独立している形態がある。

☑ 拝殿(はいでん)

礼拝するための建物。本殿は神座そのものであるのに対し、拝殿は人が神に祈願などをする場所。建物の外で礼拝する外拝殿と屋内で礼拝する内拝殿とがある。

☑ 幣殿(へいでん)

幣帛(へいはく・供物のこと)を神に奉るための建物で、拝殿と本殿の間に設けられるのが一般的。現代では祭祀用の空間として使用されることも多い。

☑ 祭神(さいじん)

神社に祀られている神。主として祀られている神を主祭神とも言う。祭神は一柱とは限らず、複数の主神が祀られていることもある。

☑ 天つ神(あまつかみ)

高天原に存在する神や、高天原に生まれ、この国に降りてきた神々のこと。古事記では天之御中主(あめのみなかぬし)神など5柱を別(こと)天津神としている。

☑ 国つ神(くにつかみ)

この国で生まれた神を指す場合と、天孫降臨以前にこの国に存在していた精霊や豪族を指す場合とがある。

☑ 千木・鰹木(ちぎ・かつおぎ)

神社建築に特徴的なもので、屋根の上で交差した二本の木を「千木」。屋根上に水平に並べられた木を「鰹木」と言う。神社の神聖性を象徴する意味合いがある。

☑ 狛犬(こまいぬ)

社殿前や参道に置かれた一対の獅子形の像。高麗犬、胡麻犬とも表記する。邪を退け、神前守護の意味を持つとされる。

☑ 摂社と末社(せっしゃとまっしゃ)

本殿に祀られた主祭神とは異なる神を祀っている比較的小さな社のことを摂社または末社と言う。境内にある「境内摂社」と境内外の敷地にある「境内摂社」とがある。

☑ 注連縄(しめなわ)

神前、神域など神聖な場所を示すために渡し、または張り巡らす縄のこと。古代には専有の意味で「標(しめ)」と表記されたが、神事に用いられるものを「しめなわ」と言うようになった。

☑ 茅の輪(ちのわ)

茅(ちがや)で作った大きな輪で、6月晦日または7月晦日に参道に立てられる。参詣者がこれをくぐり、穢れや災厄を取り除く。夏越(なごし)の祓とも言う。

☑ 勅裁社(ちょくさいしゃ)

天皇からの勅使が派遣されて祭祀が行われる神社のこと。現在は次の16社。賀茂御祖神社、賀茂別雷神社、石清水八幡宮、春日神社、氷川神社、熱田神宮、橿原神宮、出雲大社、明治神宮、靖國神社、宇佐神宮、香椎宮、鹿島神宮、香取神宮、平安神宮、近江神宮。

☑ 延喜式神名帳(えんぎしきじんみょうちょう)

延長5(927)年に成立した法典『延喜式』のうち、巻九・十のことで、当時の主要な神社2861社が国郡別に記載されている。それらが「式内社」である。

※『神道辞典』(編集／國學院大學日本文化研究所、発行／弘文堂)から引用または参考にしています。

シリーズ
旅する日本百選③

一宮を訪ねる旅
東日本編

目次

武蔵一宮 氷川神社

香取神宮

北海道・東北

関東

北陸

越中総鎮守一宮 射水神社

真清田神社

甲信・東海

「一宮を訪ねる旅」掲載一覧マップ

西日本編 ※2024年 発売予定

60 建部大社
61 賀茂別雷神社
62 賀茂御祖神社
63 出雲大神宮
64 元伊勢 籠神社
65 住吉大社
66 坐摩神社
67 枚岡神社
68 大鳥神社
69 大神神社
70 日前・國懸神宮
71 伊太祁曽神社
72 丹生都比売神社
73 伊和神社
74 出石神社
75 粟鹿神社
76 伊弉諾神宮
77 宇倍神社
78 倭文神社
79 出雲大社
80 熊野大社
81 物部神社
82 水若酢神社
83 由良比女神社
84 吉備津神社
85 吉備津彦神社
86 石上布都魂神社
87 中山神社
88 吉備津神社
89 素盞嗚神社
90 嚴島神社
91 玉祖神社
92 住吉神社
93 大麻比古神社
94 田村神社
95 大山祇神社
96 土佐神社
97 筥崎宮
98 住吉神社
99 高良大社
100 與止日女神社
101 千栗八幡宮
102 天手長男神社
103 海神神社
104 阿蘇神社
105 宇佐神宮
106 西寒多神社
107 柞原八幡宮
108 都農神社
109 鹿児島神宮
110 新田神社
111 枚聞神社
112 波上宮

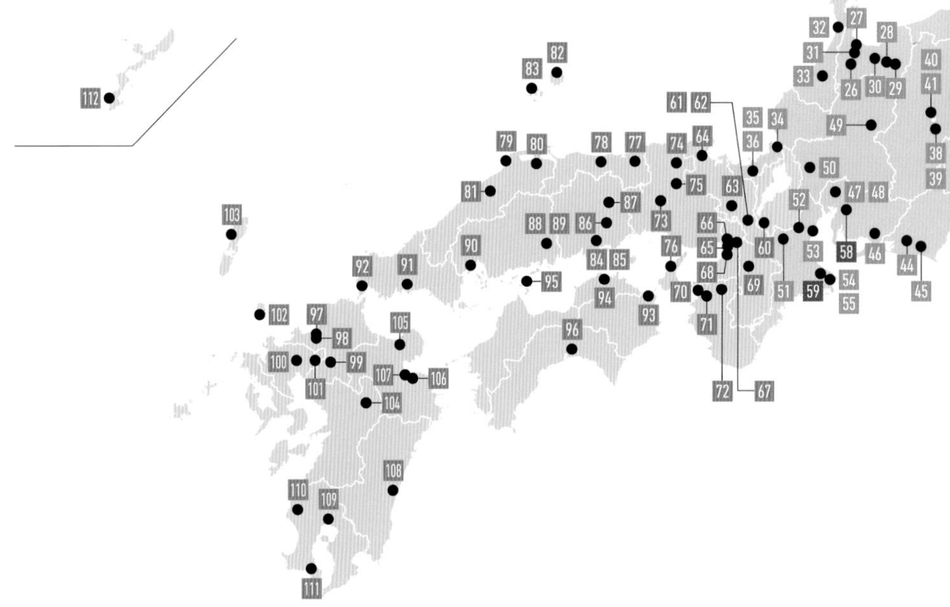

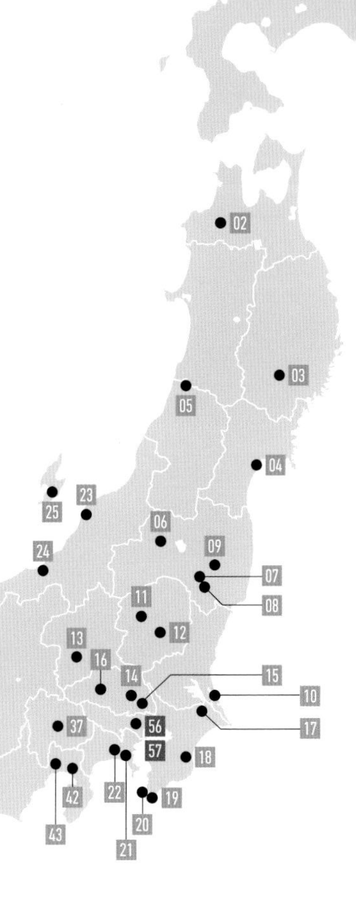

東日本編

01 北海道神宮	31 越中総鎮守一宮 射水神社
02 岩木山神社	32 氣多大社
03 陸中一宮 駒形神社	33 白山比咩神社
04 志波彦神社・鹽竈神社	34 氣比神宮
05 鳥海山大物忌神社	35 若狭彦神社
06 伊佐須美神社	36 若狭姫神社
07 馬場都々古別神社	37 甲斐國一宮 淺間神社
08 八槻都々古別神社	38 諏訪大社上社本宮
09 石都々古和氣神社	39 諏訪大社上社前宮
10 鹿島神宮	40 諏訪大社下社秋宮
11 日光二荒山神社	41 諏訪大社下社春宮
12 宇都宮二荒山神社	42 三嶋大社
13 一之宮貫前神社	43 富士山本宮浅間大社
14 武蔵一宮 氷川神社	44 遠江国一宮 小國神社
15 氷川女體神社	45 事任八幡宮
16 秩父神社	46 砥鹿神社
17 香取神宮	47 真清田神社
18 玉前神社	48 尾張國一之宮 大神神社
19 安房神社	49 飛驒一宮 水無神社
20 安房国一宮 洲崎神社	50 南宮大社
21 鶴岡八幡宮	51 敢國神社
22 寒川神社	52 椿大神社
23 彌彦神社	53 都波岐奈加等神社
24 居多神社	54 伊雜宮
25 度津神社	55 伊射波神社
26 越中一宮 髙瀬神社	
27 氣多神社	56 明治神宮
28 雄山神社峰本社	57 靖國神社
29 雄山神社中宮祈願殿	58 熱田神宮
30 雄山神社前立社壇	59 伊勢神宮

國學院大學博物館館長・笹生衛さんに聞く

古社を巡れば見えてくる 日本の神社・神信仰の原点

東日本編 祭祀遺跡から歴史を解明する「祭祀考古学」の専門家・笹生衛さんに、神社の成り立ちや神社を訪ねる際の注目ポイントを聞いた。

自然の恵みや災害に神様の存在を直観する

古代、全国にたくさんの郡がありましたが、中でも神郡（しんぐん）とされた郡が8つありました。

神郡とは、郡の税収などを神社の祭祀・維持に当てた郡です。神郡が定められていた神社は、鹿島神宮、香取神宮、安房神社、神宮（伊勢神宮）、日前・国懸神宮、出雲（杵築）大社、宗像大社。国家が特に重要視した神社です。

神社の原形と考えられるのが祭祀遺跡、神祭り（祭祀）をした遺跡です。

5世紀には全国の重要な場所で祭祀をしていたようで、祭祀用の石製模造品（鏡や剣（つるぎ）、勾玉など）、鉄製の武器・農工具、結城貝といった品々が出土しています。

富士山本宮浅間大社 湧玉池

静岡県観光協会提供

重要な場所とはどんな場所でしょう。

例えば人間にとって重要な水源である山です。富士山本宮浅間大社（→P110）には、湧玉池というきれいな池があります。溶岩が留まった場所から伏流水が出てくるという、まさに富士山の水の恵みを示す場所。人々はそのありがたい現象に神様の存在を直観して、お祀りをします。

9世紀後半に富士山が噴火すると、人々は神様が怒ったと感じて、噴火口が見える場所に新しい神社を造りました。

笹生衛　さそう まもる
1961年、千葉県生まれ。博士(宗教学)。現在は國學院大學神道文化学部教授、同大学博物館館長、同大学研究開発推進機構長。古代の祭祀遺跡から、日本考古学、日本宗教史を研究する。『まつりと神々の古代』(吉川弘文館、2023年)など著書多数。

災害を鎮めるためにもお祀りをするのです。

安房神社(→P64)がある房総半島は海上交通の要所ですが、カツオやアワビなどの食材が獲れる場所でもありました。付近では7世紀前半頃のカツオの骨や擬餌針が見つかっています。

平安時代の文献には、擬餌針でカツオを獲るのは安房の海が起源であり、安房の神様を食べ物の神様として大膳職(宮中の料理を担当する機関)に祀っていたことが書かれています。

安房神社 拝殿

安房は貴重な海産物の供給地であり、それを司る神様だからこそ大切に祀られたのです。

このように人々は、自然の恵みが多い場所や災害の危険がある場所に、そうさせている神様の存在を感じてお祀りをします。

もう一つ重要なのは皇祖神。天皇家のご先祖の神様を祀る伊勢神宮(→P138)です。江戸時代の記録では古い祭祀用の石製模造品が見つかっています。

祭祀遺跡から分かる
国家が重要視した神まつり

安房神社付近では、古墳時代の鉄製の剣が見つかっています。

國學院大學博物館館長・笹生衛さんに聞く

古社を巡れば見えてくる 日本の神社・神信仰の原点

当時、鉄は日本で生産できない輸入品ですから、ヤマト王権とのつながりが密接だったといえます。

伊勢湾岸の特徴をもつ土器もあり、これはおそらくヤマト地域の人々が東国へ進む際、伊勢湾岸を経由し、房総半島で祭祀をしたものでしょう。

安房神社から海沿いを進むと鹿島神宮（→P40）や香取神宮（→P60）、さらに川沿いをたどった付近には都々古別神社（→P34.35）があります。どこも交通の要所であり、近くに古い祭祀遺跡が位置する例もあります。

長野県の御坂峠や入山峠でも似たような遺物が出ています。峠は危険ではあるものの便利な近道で、やはり交通の要所なんですね。

この海沿いや峠沿いのルートは、『古事記』の中で倭建命（ヤマトタケルノミコト）が東征したルートと重なります。古墳時代にはその交通路の原形が拓かれていたようです。

祭祀は、天下の統治とも関係していました。

各地の祭祀遺跡の出土品からは、古墳時代、各地の首長が地域の神様を祀るにあたり、ヤマト王権から最先端の捧げものが供与されたと推定できます。

奈良時代にはそれが制度化し、毎年天皇、朝廷から地方の重要な神社へ捧

鹿島神宮 第一鳥居

げものが贈られました。

基幹産業である農業がうまくいくように祭祀を行う、国家で最も重要な取り組みの一つだったはずです。

自然環境を知ることが古社を訪ねる面白さ

古社を訪ねる際は、その周りの環境を考えることが大切です。

日本列島は災害がとても多く、その反面恵みも多い。私たちの先祖は、そんな環境で平穏に暮らすため、そこに居られる神様を大切に祀っていました。

神社がどんな場所にあり、人々がその環境でどう生きてきたかを考えれば、日本の成り立ちが分かるかもしれません。

祭祀とはある意味、神様と人間の交換です。

神様を人間に当てはめて、恵みをいただく代わりに、私たちが食べておいしいものやもらって嬉しいものを差し上げます。そして神様を怒らせないため、礼を失しないように、汚さないようにします。だから神社はいつもきれいに掃除されていますよね。

人を思いやるという感覚は、現代の私たちにも染みついてるものだと思います。それを環境に対しても行うのだと考えれば、神信仰は特別なものではありません。

海にゴミを捨てたら海の神様が怒るかもしれない、山から勝手に土を採ったら山の神様が怒るかもしれない。つまり相手のことを考える。それが日本人の本来の姿です。だからこそ今、神社が見直されているのでしょう。

神社に行って自然の中に身を置けば、環境とともに暮らすためのヒントが見つかるかもしれませんね。

覚えておきたい!
基本情報 1

参　拝

心構え

太古の昔から日本人は、自然や産業など、あらゆるものに神が宿ると信じ、敬ってきた。神社は、そうした神々が鎮座する、神聖な場所である。平安時代までは天皇やその勅使、あるいは国造や国司などが国や民の安全、五穀豊穣などを願う祈りを捧げていた。

現代では内外の観光客などが多く訪れることもあって、参拝の仕方などに特別な決まりはないとされるが、神聖な場所であるから、境内では礼儀正しく振る舞うことをおすすめする。常に敬意を払って、森閑とした境内を歩けば、心も清々しく穏やかになることだろう。神社によっては参拝の仕方が決まっているところもあるが、ここでは、一般的な参拝の作法を紹介する。

手水の作法

❶ハンカチを用意し、軽く手水舎に一礼する。
❷右手で柄杓を取り上げ、水をすくって左手を洗う。
❸左手に柄杓を持ち替え、水をすくって右手を洗う。
❹再度、柄杓を右手に持ち替え、水をすくって左手に溜め、その水で口をすすぐ。
❺すすぎ終わったら、左手をもう一度洗う。
❻柄杓を両手に持ってから静かに立て、水で柄の部分を流し、元の場所に戻す。
❼ハンカチで口と手を拭き、軽く一礼して手水を終える。

※柄杓がない場合は、手水舎の流水で両手を洗い、その後、両手に水を溜めて口をすすぐ。再度、両手を洗い、ハンカチで口と手を拭いて終える。

の　作　法

鳥居について

鳥居は神社の内と外との境に建てられ、その内側は神様がおられる「御神域」となる。つまり鳥居は、外界との境に設けられた結界のようなものである。

神聖な場所に足を踏み入れるという気持ちがあれば、自然に頭が下がるもの。鳥居の前では立ち止まって一礼し、それから神域に入ろう。鳥居をくぐったのちは、参道の中央ではなく、左右いずれかを歩くようにする。参道を横切るときも中央で軽く礼をしたり、神殿に向かって礼をしたりすれば、より礼儀正しくなるだろう。

拝礼の作法

❶背中をまっすぐにして腰を90度に折り、
拝礼する。
これを二回繰り返す。(二礼)

❷両手を胸の前で合わせ、
肩幅程度に開いてから
柏手を二回打つ。(二拍手)

❸両手を胸の前で合わせ、
願いを込めて祈る。

❹両手を両脇に下ろし、
最初と同じように深く礼をする。(一礼)

※柏手を打つ場合、
右手のひらを左手より少し下げて打つようにする。

鈴の鳴らし方

拝殿の前に鈴がある場合、参拝者は賽銭を供え、鈴を鳴らしてから拝礼する。鈴は参拝者を祓い清め、神霊の発動を願うものであるという。

お賽銭

賽銭は神前に進み、礼をする前に行う。ご縁(5円)があるようになど語呂合わせで賽銭する人も多いが、お礼の心の表れなので、語呂合わせなどにこだわらないほうがいい。

昇殿参拝

拝殿前での一般的な参拝のほかに、神職や巫女が社殿内に案内して御祈願する「昇殿参拝」もある。社務所で初穂料を差し出し、住所や氏名、願いごとなどを書くと、社殿内で神職が祝詞(のりと)をあげ、祈願をしてくれる。普段は入れない社殿内での祈りや巫女の神楽舞など日本の伝統に彩られた行事は、厳かな雰囲気に包まれ身も心も癒される。転機が訪れた時や厄払いなど特別な時に、昇殿参拝を申し込んでみよう。神社の本来の姿を垣間見られる。

※参考資料／神社本庁ホームページ、東京都神社庁ホームページ

覚えておきたい!
基本情報
2

神社の神々

国内におよそ8万社もあるといわれる神社には、それぞれに神様が祀られている。
すべての神様に由来はあるが、ここでは本書に掲載している
神社の主な神様について、簡単に紹介しよう

國學院大學「古典文化学」事業HPより

『古事記』と『日本書紀』神々の物語と天皇の系譜

神社に祀られている祭神は、多くが『古事記』や『日本書紀』などに由来している。

『古事記』は現存する最古の歴史書で、和銅5(712)年に完成。序文のほか、上中下巻に分かれている。一方、『日本書紀』は養老4(720)年に完成した勅撰の歴史書。いわゆる王権・朝廷の正史である。

いずれの書も初めに描かれるのは、神代、いわゆる神々の物語である。

伊弉諾、伊弉冉の国生みと神生み、天照大御神、八岐大蛇(やまたのおろち)、因幡白兎(いなばのしろうさぎ)、出雲の国譲り、日本武尊(やまとたけるのみこと)などの説話を聞いたことがある人も多いだろう。そこに登場する神あるいは人が、神社の神々として祀られている。

より詳しく神様について知りたいのであれば、古代日本のミソロジー(神話)がより詳しく描かれた、『古事記』を読むのがおすすめ。多くの現代語訳や解説書が出版されているので、一宮めぐりの合間に読んでみてはいかがだろう。

伊弉諾命・伊弉冉命

いざなきのみこと・いざなみのみこと

神世七代※の第七代で、伊弉諾命が男神、伊弉冉命が女神。夫婦となって「国生み」と「神生み」をするが、伊弉冉命は火の神を生んだのちに神去りして黄泉の国へ行ってしまう。その後、伊弉諾命から天照大御神、月読命、建速須佐之男命が生まれた。

天照大御神

あまてらすおおみかみ

黄泉の国から戻った伊弉諾命が穢れを払うため左目を洗ったときに出現した。高天原の統治を命じられるが、須佐之男命が高天原で暴れたため天岩戸に籠る。出雲の国譲りにあたっては建御雷之男命を遣わすなど、高木神(たかぎのかみ)とともに天孫降臨の主導役となった。

月読命

つくよみのみこと

黄泉の国から戻った伊弉諾命が穢れを払うため右目を洗ったときに出現した。天照大御神の妹神で、夜之食国の統治を命じられた。暦(月齢)に関する神ともいわれる。種まきなどの時期を知るため暦は重要な役割を果たすことから、農耕神としても信仰される。

建速須佐之男命

たけはやすさのおのみこと

黄泉の国から戻った伊弉諾命が穢れを払うため鼻を洗ったときに出現した。天照大御神の弟神で、『古事記』では須佐之男命の表記が多い。海原の統治を命じられたが従わず、高天原に戻って暴れたため天照大御神は岩屋に籠ってしまう。その後、高天原から追放された。

天手力男神

あめのたぢからおのかみ

天照大御神が隠れた天岩戸の前で天宇受売命(あめのうずめのみこと)が神がかって踊り、何事かと思った天照大御神が岩戸を少し開けたところを天手力男神が御手をとって引き出した。手の力の強い神といわれる。天孫降臨の際には、邇邇芸命(ににぎのみこと)に随伴した。

大山津見神

おおやまつみのかみ

伊弉諾命、伊弉冉命の二神によって生まれた「山の神」。八岐大蛇退治の段では櫛名田比売(くしなだひめ)の父が、大山津見神の子と名のる。ほかにも、いくつかの段で登場する。山の神とはいっても、山を司るだけでなく、広く地上を代表する神といわれている。

※『古事記』によると、別天津神五柱に続いて成り出た、クニノトコタチ、トヨクモノ、ウヒヂニ・妹スヒヂニ、ツノグヒ・妹イクグヒ、オホトノヂ・妹オホトノベ、オモダル・妹アヤカシコネ、イザナキ・妹イザナミという七代十二柱の神のこと

櫛名田比売

くしなだひめ

高天原から地上に降り立った須佐之男命は出雲国で八俣大蛇（やまたのおろち）の退治を引き受ける。その時に助けたのが櫛名田比売で、のちに結婚した。その子孫に大国主命（おおくにぬしのみこと）がいる。須佐之男命は、退治した大蛇の尾から取り出した草那芸之大刀（くさなぎのたち）を天照大御神に献上した。

大穴牟遅神

おおなむちのかみ

大国主命の異称とされる。『古事記』では傷ついたウサギを助ける「因幡白兎」などのエピソードが詳しく紹介されているが、『日本書紀』では割愛され、大国主命の「国造り」と「出雲の国譲り」を中心に記述されている。国土造成の神様。

建御雷之男神

たけみかづちのおのかみ

『古事記』では建御雷神とも表記される。高天原から出雲国に降り立って国譲りの交渉にあたり、帰順させた。『日本書紀』では、危機に陥った神武天皇を救うため、天照大御神と高木神から降臨を命じられるが、自身の代わりに霊剣（佐士布都神（さじふつのかみ））を地上に降して助けた。

事代主神

ことしろぬしのかみ

大国主命の子のひとり。国譲りを迫る建御雷之男神への返答を大国主命から託されたため、恭順を宣言して、海中の青柴垣（あおふしがき）の中に隠れ去った。神言を代行する託宣の神とされる。青柴垣は神の居場所を表し、美保神社（島根県）では青柴垣神事が行われている。

邇邇芸命

ににぎのみこと

『日本書紀』では瓊瓊杵尊と記される。天照大御神の孫で、葦原中国（あしはらのなかつくに）を治めるべく、高天原から筑紫日向高千穂に、陪臣の神と、「玉」「鏡」「剣」とともに天下った（天孫降臨）。地上では大山津見神の娘である木花之佐久夜毘売と結婚し、子をなした。

木花之佐久夜毘売

このはなさくやひめ

『日本書紀』では木花（華）開耶姫命と記される。木花は桜のこと。邇邇芸命の妻となり、一夜で妊娠。それを不審に思った邇邇芸命に対し、疑いを晴らすために自ら産屋に火を放ち、火中で、のちに天皇や氏族の祖となる火照命（ほでりのみこと）、火須勢理命（ほすせりのみこと）、火遠理命（ほおりのみこと）の三神を生んだ。

資料／國學院大學「神名データベース」、『神道辞典』（編集／國學院大學日本文化研究所、発行／弘文堂）
※一部引用または参考にして記述しています。

日子穂々手見命

ひこほほでみのみこと

邇邇芸命と木花之佐久夜毘売との間にできた子で、火遠理命のこと。長じて、山の獲物を狩る山佐知毘古(山幸彦)となる。兄である火照命は海の獲物を捕る海佐知毘古(海幸彦)となったが、やがて二人は対立することに。山幸彦は豊玉毘売と結婚する。

豊玉毘売

とよたまひめ

失くしてしまった兄の釣り針を探しに海の宮に来た日子穂々手見命(山幸彦)と出会って結婚。出産の際に、元の姿(魚)を見られてしまった恥ずかしさに、子を産むとすぐに海に帰ってしまう。生まれた子の名は、鵜葺草葺不合命。神武天皇の父である。

玉依毘売

たまよりひめ

豊玉毘売は子を置いて去ったものの、夫と子に対する愛情は捨て難く、妹である玉依毘売に鵜葺草葺不合命を養育してもらう。鵜葺草葺不合命は成長してのち、玉依毘売と結婚。玉依毘売は四人の子を産んだ。そのうちの一人が神倭伊波礼毘古。神武天皇である。

日本武尊

やまとたけるのみこと

景行天皇の子。父の命を受けて西国に向かい、熊襲のタケルを討った。さらに東征へと向かい、草薙の剣で戦うなどして平定した。尾張の美夜受比売のもとに剣を預け、大和へと向かったが、帰還途中で病に倒れ、没した。白鳥となって帰ったと伝わる。

國學院大學「古典文化学」事業HPより

本書の見方

東日本の各地に鎮座する一宮を、写真とともに1ページから4ページで紹介します。

ご利益

右の6つをはじめとしたアイコンで紹介。

総合運　仕事・学業運　美容・健康運　金運　縁結び　安産

データ

祀られている祭神、所在地や問い合わせ先、アクセスなどを掲載。

御朱印

御朱印は参拝の証しとして、主に授与所や社務所でいただける。詳細はP140で紹介。

Topics&立ち寄りスポット

神社の宝物館や代表的な祭礼、ご当地グルメや土産店など、神社周辺のおすすめスポットを掲載。

☎…電話番号　住…所在地
営…営業時間　休…休業日
¥…料金

※本書の掲載情報は2023年8月現在のものです。その後、各施設の都合により変更される場合がありますので、予めご了承ください。
※休みは年末年始や臨時休業を省略している場合がありますので、お出かけ前にご確認いただくことをおすすめします。
※アクセスの所要時間はあくまで目安としてお考えください。
※掲載している金額は原則として一般料金、一部を除きすべて税込価格です。
※神社名・神様の名称などは各神社が使用している名称に準じています。

北海道・東北

北海道

北海道神宮

青森県

岩木山神社

岩手県

陸中一宮 駒形神社

宮城県

志波彦神社・鹽竈神社

山形県

鳥海山大物忌神社

福島県

伊佐須美神社

馬場都々古別神社

八槻都々古別神社

石都々古和氣神社

北海道神宮

ほっかいどうじんぐう

総合運　美容・健康運　縁結び　仕事・学業運　金運　安産

放火による火災で社殿が焼失、昭和53(1978)年に再建された

開拓三神をまつる皇室ゆかりの神社

北海道は幕末まで「蝦夷地」と呼ばれていた。日本の国土として本格的に開拓が始まったのは明治に入ってから。明治2(1869)年、政府は蝦夷地の呼称を改め、「北海道」とした。

同年9月、明治天皇の詔(みことのり)により、東京で「北海道鎮座神祭」が行われ、大国魂神、大那牟遅神、少彦名神の三柱が開拓三神として鎮斎された。

現在地に社殿が建てられたのは明治4(1871)年で、社名は「札幌神社」と定められた。

その後、昭和39(1964)年に明治天皇が増祀され、皇室にゆかりの深い、由緒ある神社として「北海道神宮」と改称された。道内屈指の名社である。

祭神	
	大国魂神（おおくにたまのかみ）
	大那牟遅神（おおなむちのかみ）
	少彦名神（すくなひこなのかみ）
	明治天皇（めいじてんのう）

御朱印情報 P140

所在地	北海道札幌市中央区宮ヶ丘474
TEL	011･611･0261
料金	参拝無料
見学時間	6:00～17:00（時期により異なる。授与品・御朱印授与は9時～）
休み	なし
アクセス	地下鉄「円山公園」駅から徒歩約15分

1

2

3

1.北海道神宮は円山公園内にあり、春は桜美しい。季節により、開・閉門時間が異なる。**2.**境内の入り口にある第二鳥居。**3.**北海道神宮は桜の名所でもある。ソメイヨシノやエゾヤマザクラなどが咲き誇る。

TOPICS

100年以上の歴史をもつ「北海道神宮例祭」

毎年6月14～16日に行われる通称「札幌まつり」。4基の神輿、華やかな山車とともに市内を練り歩く「神輿渡御」には毎年1000人以上の市民が参加する。

おすすめ立ち寄りスポット

六花亭 神宮茶屋店
ろっかてい じんぐうちゃやてん

そば粉入りの餅でつぶ餡を包んだ「判官さま」が食べられる。バターサンドなど定番の菓子も販売。北海道神宮境内。

円山公園
まるやまこうえん

桜の名所として知られる。スギやカツラなど樹木と池のコントラストが美しい。リスや野鳥も観察できる。北海道神宮隣接。

岩木山神社

いわきやまじんじゃ

総合運 美容・健康運 縁結び 仕事・学業運 金運 安産

寛治5(1091)年に弘前市の現在地に遷された下居宮。鳥居の先に岩木山が見える

神仏混交の歴史を留める 拝殿や楼門も見どころ

岩木山神社は宝亀11(780)年、社殿を山頂に創建したのが始まりとされる。延暦(えんりゃく)19(800)年には征夷大将軍・坂上田村麻呂が山麓に下居宮を建立し、山頂を奥宮とした。現在地に社殿が築かれたのは、寛治5(1091)年。時を超えて今に続く境内に足を踏み入れて、鳥居越しに岩木山を望めば、身も心も癒される。

古代から岩木山は信仰の対象として土地の人々に大切にされてきた。江戸時代には津軽藩主の手厚い保護を受け、社殿などの築造も進められた。

現在の楼門や拝殿、本殿などは国の重要文化財に指定されている。いずれも江戸時代に築かれた絢爛豪華な造り。神仏混交時代の息吹を今に伝える。

祭神	
	顕國魂神(うつしくにたまのかみ)
	多都比姫神(たつひひめのかみ)
	宇賀能賣神(うがのめのかみ)
	大山祇神(おおやまづみのかみ)
	坂上刈田麿命(さかのうえのかりたまろのみこと)

御朱印情報▶P140

所在地	青森県弘前市百沢寺沢27
TEL	0172·83·2135
料金	参拝無料
見学時間	8:00〜17:00(11〜3月は8:30〜16:00)
休み	なし
アクセス	JR「弘前」駅から弘南バスにて約40分、バス停「岩木山神社前」からすぐ

1

2

3

TOPICS

五穀豊穣・家内安全を願い 岩木山を目指す「お山参詣」

旧暦8月1日にかけて3日間行われ、参拝者は登山囃子に「サイギサイギ」の掛け声をかけ参道を練り歩く。3日目は山頂奥宮へ登拝し御来光を望む。

1.社殿の入り口にある楼門。寛永5(1628)年に弘前藩主により建立された。境内の建築物の中では最も古い。拝殿、本殿、奥門、瑞垣も含め国指定重要文化財。**2.**慶長8(1603)年に建立された拝殿。**3.**少し変わった姿の狛犬。

おすすめ立ち寄りスポット

高照神社

たかてるじんじゃ

弘前藩4代藩主・津軽信政を祀る。吉川神道に基づいた独特な社殿構成が特徴。㊟弘前市高岡神馬野87

高岡の森 弘前藩歴史館

たかおかのもり ひろさきはんれきしかん

高照神社に納められていた資料などを中心に展示。弘前藩の歴史や文化について学べる。㊟弘前市高岡獅子沢128-112

陸中一宮 駒形神社

りくちゅういちのみや　こまがたじんじゃ

総合運　美容・健康運　縁結び　仕事・学業運　金運　安産

水沢公園内にある駒形神社社殿。春は桜で賑やかになる

多くの伝承が残る 東北屈指の古社

10世紀に編纂された延喜式神名帳に陸奥国胆沢郡の式内社として記載されている、由緒ある神社である。

社伝によると、創建はさらに遡り、5世紀ごろ。由緒をたどれば、「上毛野(かみつけぬ)(群馬県の古代国家名)胆沢公が勢力を北に伸ばした際、この地の高山に駒形大神を勧請して駒ヶ岳と命名し、山頂に社を築いた」、「征夷大将軍坂上田村麻呂の尽力により神階が従四位下となった」、さらに、「前九年合戦を前に源義家が先勝祈願に訪れた」など多くの言い伝えが残されている。

本社、奥社、里社からなる駒形神社は、千年を超える歴史を積み重ねながら、今も土地の人々を見守っている。

祭神	**天照大御神**(あまてらすおおみかみ)
	天常立尊(あめのとこたちのみこと)
	國狭槌尊(くにのさづちのみこと)
	吾勝尊(あかつのみこと)
	置瀬尊(おきせのみこと)
	彦火火出見尊(ひこほほでみのみこと)

御朱印情報▶P140

所在地	岩手県奥州市水沢中上野町1-83
TEL	0197・23・2851
料金	参拝無料
見学時間	5:30〜18:00(11〜3月は〜17:30、 祈祷・御守御朱印頒布は9:30〜16:30)
休み	なし
アクセス	JR「水沢」駅から徒歩約10分

1

2

3

1.駒形神社境内から水沢公園を望む。境内には本殿のほか、神楽殿などもある。2.1月1日には「元旦福運付きみかんまきが行われる。3.標高約1130m、駒ヶ岳山頂に鎮座する駒ヶ岳神社奥宮。

TOPICS

次代を担う子どもの健康を願う「子供騎馬武者行列」

毎年5月3日に開催。平安時代後期に戦乱を終結させた源頼義・義家の武勇にあやかり、鎧兜で身を固めた子どもたちが馬に乗って市内を巡回する。

おすすめ立ち寄りスポット

奥州市武家住宅資料館
おうしゅうしぶけじゅうたくしりょうかん

城下町として栄えた水沢には武家屋敷が点在する。旧内田家住宅は資料センター併設。㊟奥州市水沢吉小路43

奥州宇宙遊学館
おうしゅううちゅうゆうがくかん

宇宙科学を楽しく学べる資料館。大正時代に建てられた旧緯度観測所本館の建物を活用。㊟奥州市水沢星ガ丘町2-12

志波彦神社・鹽竈神社

しわひこじんじゃ・しおがまじんじゃ

総合運 仕事・学業運 安産 海上安全

創建時は国府の守護を担い 中世以降に奥州一宮に

神亀元(724)年に、陸奥国の国府(政庁)・多賀城(宮城県多賀城市)が築かれた。奈良時代のことである。

鹽竈神社は、その北東に位置している。由緒によると鹽竈神社の名は、弘仁11(820)年に編纂された「弘仁式主税帳」に初見されるという。創建年代は明らかでないとされているが、多賀城成立の年代を考えれば、鹽竈神社の創建も、奈良時代前後に遡るとも考えられる。

中世以降は東北鎮護・海上守護の陸奥国一宮として重んじられるようになった。特に江戸時代には伊達家の厚い保護を受けて社殿などが整備されており、代々の藩主が大神主を務めている。現在の社殿は宝永元(1704)年、4代藩主・綱村が建立・寄進したもの。

境内には志波彦神社もある。延喜式神名帳に記されている「名神大社※」であり、かつては仙台市岩切にあったが、昭和13(1938)年、現在地に国費で本殿・拝殿が造営され、遷座された。

※古代より特に霊験の著しい神とされた名神を祀った神社

1

2

祭神	
	志波彦大神(しわひこのおおかみ)
	鹽土老翁神(しおつちおぢのかみ)
	武甕槌神(たけみかづちのかみ)
	経津主神(ふつぬしのかみ)

御朱印情報▶P140

所在地	宮城県塩竈市一森山1-1
TEL	022・367・1611
料金	参拝無料
見学時間	参拝自由(鹽竈神社の開門は5:00〜18:00、11〜2月は〜17:00)
休み	なし
アクセス	JR「本塩釜」駅より徒歩約15分

3

4

1.別宮拝殿。主祭神である鹽士老翁神を祀る。**2.**社地の入り口にある鳥居と表参道の階段。境内は高台にあるため202段を上る。**3.**塩釜市内を一望できる境内の庭園。**4.**鹽竈神社の末社である御釜神社。塩釜の地名の由来でもある。

境内からは塩竈市内を一望
桜の名所としても知られる
地名の由来となった御釜神社も

左右宮拝殿

さゆうぐうはいでん

伊達家の守り神を祀る拝殿

拝殿は、門を入った正面に鹿島・香取の神を祀る左右宮があり、右手に主祭神を祀る別宮がある。大神主である伊達家が遥拝できるように配置された。国指定重要文化財。

唐門

からもん

門前には狛犬が

拝殿の入り口にある門で、境内の社殿を取り囲むように回廊が設けられている。伊達綱村の寄進で、国指定重要文化財。境内の狛犬は延享4(1747)年に奉納されたもの。

楼門

ろうもん

桃山様式を取り入れた豪華な門

表参道の階段を上った先にある。伊達綱村が寄進したもので、朱塗りの鮮やかな意匠。門前に桜、門を入ると天然記念物の老杉御神木がある。国指定重要文化財。

志波彦神社

しわひこじんじゃ

かつては街道の要所に鎮座

神名帳の「名神大社」に列せられた古社。東山道から多賀城に至る要所にあったが、街道の変遷とともに役割が変わり、中世には衰微した。現在は鹽竈神社境内に鎮座している。

旅情を味わうモデルコース

鹽竈神社周辺には歴史を感じるスポットがたくさん。
寿司や日本酒など塩竈ならではの名物も味わいたい

すし哲 本店

すしてつ ほんてん

三陸のとれたて海の幸をリーズナブルに味わう

塩竈の寿司を全国に知らしめた人気店。大将が自ら厳選した旬のネタを使用。カウンターでは職人との会話も楽しめる。

☎022・362・3261 住 塩竈市海岸通2-22 営 11:00〜15:00、16:30〜21:00（土日祝は11:00〜21:00）休 木（祝日の場合営業）

「海商の館」旧亀井邸

「かいしょうのやかた」きゅうかめいてい

現代では再現が難しい和洋併置式住宅

カメイ株式会社の初代社長が大正13（1924）年に建てた。伝統的な和館に洋館を取り入れた様式で歴史的価値が高い。

☎022・364・0686（NPOみなとしおがま）住 塩竈市宮町5-5 営 10:00〜15:30（最終入館15:15）休 火・水・木（臨時休館あり）¥ 無料

丹六園

たんろくえん

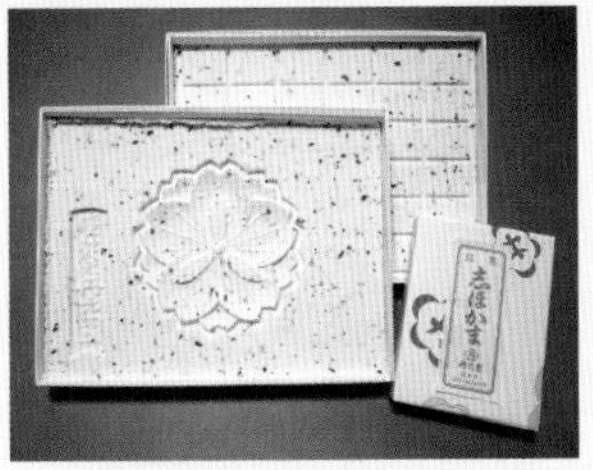

鹽竈桜がモチーフの銘菓「志ほか満」

享保5（1720）年創業。もち米粉に藻塩や青じそを加え型押しした「志ほか満」、クルミ入りの「長寿楽」などを販売。

☎022・362・0978 住 塩竈市宮町3-12 営 8:30〜17:00 休 第1・3水

浦霞 酒ギャラリー

うらかすみ さけぎゃらりー

県を代表する地酒の蔵元併設ショップ

宮城県内限定の浦霞製品や、県在住作家による酒器などを展示・販売。コイン式きき酒用サーバーで試飲もできる。

☎022・362・4165 住 塩竈市本町2-19 営 10:00〜17:00 休 日（臨時休業あり）

Model course

JR本塩釜駅
↓ 徒歩2分
すし哲 本店
↓ 徒歩16分
志波彦神社・鹽竈神社
↓ 徒歩6分
「海商の館」旧亀井邸
↓ 徒約5分
丹六園
↓ 徒歩3分
浦霞 酒ギャラリー
↓ 徒歩5分
JR本塩釜駅

TOPICS

"しおがまさま"の歴史と神徳を今に伝える

宮城県観光プロモーション推進室提供

境内の「鹽竈神社博物館」では、神社の歴史や神徳を物語る文化財のほか、主祭神・鹽土老翁神ゆかりの塩業や漁業に関する資料を展示。末社・御釜神社に伝わる「藻塩焼神事」の映像も見られる。

鳥海山大物忌神社

ちょうかいざんおおものいみじんじゃ

総合運

遊佐町吹浦に鎮座する口之宮の境内。中央に見えるのが拝殿

千年を超えて崇敬を集める麗峰・鳥海山の三社

鳥海山大物忌神社は鳥海山の頂上に鎮座し、創建は654年、欽明天皇の時代と伝えられる。活火山である鳥海山に異変がおきると、朝廷の勅旨によって幣帛（供物）が捧げられていたという。

平安時代には延喜式神名帳に「名神大社」として記載され、麓の吹浦と蕨岡には、「口之宮」と呼ばれる神社が鎮座した。「出羽国一ノ宮」として、天皇や武家をはじめ、国司、土地の人々などの尊崇を集めるようになる。

山頂の本殿は20年ごとに建て替える式年遷宮制。吹浦口之宮と蕨岡口之宮の本殿は国登録有形文化財。宝物として国指定重要文化財の鎌倉幕府奉行人連署などがある。

祭神　大物忌大神(おおものいみのおおかみ)

御朱印情報 ▶ P140

所在地	山形県飽海郡遊佐町吹浦布倉1(吹浦口之宮)、 山形県飽海郡遊佐町上蕨岡松ヶ岡73(蕨岡口之宮)
TEL	0234・77・2301
料金	参拝無料
見学時間	参拝自由(吹浦口之宮社務所・授与所は9:00~12:00、13:00~17:00)、 山頂本社は7/2〜8月末頃参拝可
休み	なし
アクセス	JR「吹浦」駅から徒歩約7分(吹浦口之宮)、JR「遊佐」駅から車で約10分(蕨岡口之宮)

1

2

3

TOPICS

県指定無形民俗文化財
「吹浦田楽」を奉納

毎年5月4、5日開催の吹浦口之宮例大祭では、五穀豊穣を祈り「花笠舞」など吹浦田楽が披露される。花笠は、地域の人々が毎年手作りする。

1.鳥海山山頂に鎮座する山頂御本社。**2.**吹浦口之宮。写真手前が摂社の月山神社。奥に吹浦口之宮の御本殿があり、大物忌大神を祀る。**3.**池自体が御神体である、境内外末社の丸池神社。池の水はすべて湧水。

おすすめ立ち寄りスポット

十六羅漢岩
じゅうろくらかんいわ

羅漢(16体)や釈迦牟尼など計22体が岩礁に刻まれている。海上安全を願って作られた。㊟遊佐町吹浦西楯

山本坊庭園
やまもとぼうていえん

蕨岡修験の宿坊「山本坊」を営んできた鳥海家の庭園。四季折々の風情が楽しめる。㊟遊佐町上蕨岡松ヶ岡

伊佐須美神社

いさすみじんじゃ

総合運 八方除け 縁結び 家内安全 事業育成 合格 学業

重厚さを漂わせる楼門は平成元(1989)年の造営。その奥に拝殿が見える

光格天皇の宣下を受け 大神宮と呼ばれたことも

社伝によると、崇神天皇の時代、諸国平定のために北陸に派遣された大毘古命(おおひこのみこと)と、東海に派遣された建沼河別命(たけぬなかわわけのみこと)が行き会った場所に、国家鎮護の神として伊弉諾尊(いざなぎのみこと)と伊弉冉尊(いざなみのみこと)を祀ったことに始まるという。

古事記には、その出会った地を「相津」と言う、とある。会津の地名の由来である。

伊佐須美神社が現在地に鎮座したのは6世紀半ばごろ、欽明天皇の時代と伝わる。

祭神には伊弉諾尊、伊弉冉尊に加え、大毘古命と、その子である建沼河別命が合祀された。以降、1400年以上の時を超え、「会津総鎮守」として今も人々の尊崇を集めている。

祭神	
	伊弉諾尊(いざなぎのみこと)
	伊弉冉尊(いざなみのみこと)
	大毘古命(おおひこのみこと)
	建沼河別命(たけぬなかわわけのみこと)

御朱印情報▶P140

所在地	福島県大沼郡会津美里町宮林甲4377
TEL	0242・54・5050
料金	参拝無料(宝物殿拝観料300円)
見学時間	参拝自由(宝物殿・授与所は9:00〜16:00、祈祷受付は9:00〜15:00)
休み	なし(宝物殿は1/1〜1/5休館)
アクセス	JR「会津若松」駅からバスにて約40分、バス停「横町」から徒歩約3分

1

2

3

TOPICS

日本三田植の一つ、
「高田の昼田」で豊作祈願

7月の「御田植祭」では、地元の男子が「早乙女踊り」を奉納(写真)。また田植歌を歌いながらの神輿渡御、御田神社での田植式などを行う。

1.楼門の手前にある大鳥居。**2.**約1400年の歴史があるという御神木「薄墨桜」。見頃は4月中旬以降。**3.**「あやめ苑」もあり、200種を超えるハナショウブやアヤメ、カキツバタなどを鑑賞できる。見頃は6月中旬〜。

おすすめ立ち寄りスポット

清龍寺 文殊堂
せいりゅうじ もんじゅどう

学問や知恵を司る文殊菩薩を祀る。「筆の文殊」として日本三大文殊の一つに数えられる。㊟会津美里町文殊西3611

太郎庵 会津高田店
たろうあん あいづたかだてん

チーズの風味が絶妙なブッセ「会津の天神さま」など、地元で愛される菓子を販売。㊟会津美里町高田甲2744

馬場都々古別神社

ばばつつこわけじんじゃ

総合運　縁結び　仕事・学業運　健康・安全　開運・勝運

祭神	味耜高彦根命（あじすきたかひこねのみこと）
	日本武尊（やまとたけるのみこと）

御朱印情報▶P140

所在地	福島県東白川郡棚倉町棚倉馬場39
TEL	0247・33・7219
料金	参拝無料
見学時間	9:00頃～16:00頃
休み	なし
アクセス	JR「磐城棚倉」駅から徒歩約15分

撮影:芳賀元昌

鬱蒼とした森の中にある拝殿は江戸時代中期、本殿は桃山時代初期の建造とされる

寛永元（1624）年、築城に伴い本殿は解体・移築されて現在地に

都々古別神社は、建鉾山（白河市）に鉾を祀った日本武尊（やまとたけるのみこと）と味耜高彦根命（あじすきたかひこねのみこと）を、大同2（807）年に征夷大将軍・坂上田村麻呂が棚倉の地に遷したのが始まりと伝わる。馬場都々古別神社は現在の棚倉城跡（亀ヶ城公園）にあったが、江戸時代の築城の際に、本殿を解体・移築して現在地に遷座した。

おすすめ立ち寄りスポット

棚倉城跡

たなぐらじょうあと

別名・亀ヶ城公園。寛永2（1625）年築城で土塁や石垣が残る。お堀の水面に桜や紅葉が映える。国指定史跡。㊟棚倉町棚倉城跡地内

八槻都々古別神社

やつきつつこわけじんじゃ

五穀豊穣 勝負運 方位除け

祭神	味耜高彦根命（あじすきたかひこねのみこと）
	日本武尊（やまとたけるのみこと）

御朱印情報▶P140

所在地	福島県東白川郡棚倉町八槻大宮224
TEL	0247･33･3505
料金	参拝無料
見学時間	参拝自由
休み	なし
アクセス	JR「近津」駅から徒歩約13分

本殿や随身門など境内の社殿は江戸時代中期に再建されたと思われる。県指定重要文化財

日本武尊の東夷平定を縁起とする古社

縁起によると、日本武尊の守護として現れた三神が建鉾山から箭（や）（矢）を放ち、刺さった場所を「箭津幾（やつき）」として都々古別神社を創建したと伝わる。

国指定重要無形文化財の御田植祭で知られ、社宝には国指定重要文化財の銅鉢や国認定重要美術品の木面十一面観音像などがある。

おすすめ立ち寄りスポット

山本不動尊

やまもとふどうそん

自然豊かな霊場。石段を上ると、御本尊が安置された巨岩の洞窟がある。住 棚倉町北山本小檜沢94-2

石都々古和氣神社

いわつつこわけじんじゃ

美容・健康運 縁結び 金運 安産 商売繁盛 必勝

八幡山の頂上にある拝殿。山麓にある境内入口から10分ほどかかる

古代神道の祭事跡が残る由緒ある古社

福島県石川町にある八幡山の頂上に鎮座する。創建年代は不明だが、山中には、古代神道の祭事の場となった磐境（いわさか）（神が宿る岩）が多くあり、貴重な古代遺跡としても知られる。延喜式神名帳には白河郡の式内社として「石都都古和氣神社」と記載されているが、創建はさらに時代を遡るのだろう。

康平6（1063）年には、源義家が率いる安倍一族追討の軍に加わって功績を挙げた源有光が、石川有光と名を改め三芦城を築いた。その後、大国主命と誉田別命（ほんだわけのみこと）（八幡神）とを石都々古和氣神社に合祀したという。

その城はすでになく、神宿る境内は静寂に包まれている。

祭神	味耜高彦根命（あじすきたかひこねのみこと）
	大国主命（おおくにぬしのみこと）

御朱印情報 ▶ P140

所在地	福島県石川郡石川町下泉296
TEL	0247・26・7534
料金	参拝無料
見学時間	参拝自由（社務所は9:00〜12:00、13:00〜16:00）
休み	なし
アクセス	JR「磐城石川」駅から徒歩約10分

1

2

3

TOPICS

子を温かく見守る親心が伝わる「飛翔親子獅子」

参道入口の狛犬は、石川町出身の石像彫刻家・小林和平の作品。右は後ろ足を蹴り上げた飛翔獅子、左（写真）は獅子の親子が寄り添うさまを表現している。

1.境内の階段を上って拝殿へ。手前に見えるのが大鳥居。2.拝殿に向かう途中には古代祭祀の痕跡である磐境がある。3.参道の両側には木々が生い茂り、春の桜や初夏のアジサイなど季節の花も見られる。

おすすめ立ち寄りスポット

鈴木重謙屋敷

すずきじゅうけんやしき

明治前期に自由民権運動で活躍した鈴木重謙の居宅跡。村役人層の農民住宅の形式をとる。㊟ 石川町下泉163-1

片倉温泉 薬王館

かたくらおんせん やくおうかん

緑豊かな和風庭園を見ながらくつろげる温泉旅館。旬の地元食材を使った料理も堪能できる。㊟ 石川町立ケ岡178

ここにも
行きたい！
［1］

神宮の杜に外苑。訪れるたびに心静まる都心の名社

明治神宮

めいじじんぐう

祭神　**明治天皇**（めいじてんのう）　**昭憲皇太后**（しょうけんこうたいごう）

渋谷区にある明治神宮。入り口は3カ所で、社殿は境内のほぼ中央にある。各鳥居から歩いて10分ほど

近代日本の扉を開いた明治天皇と、昭憲皇太后を祭神とする神社である。大正9（1920）年、祭神にゆかりのある代々木の地に創建された。

創建にあたっては、全国から約10万本の木々が献じられた。それらを植栽し、約70万㎡の森を造成。やがて穏やかで、神気に満ちた豊かな杜となり、現在も毎日、参拝に訪れたり、散策したりする人が絶えない。

昭和20（1945）年4月、空襲により社殿の多くが焼失した。しかし、神宮の森に大きな被害はなかったという。本殿は昭和33（1958）年に再建。今では初詣者数が日本一と言われるほど人々の暮らしの中に溶け込んでいる。

☎03・3379・5511 ㊟東京都渋谷区代々木神園町1-1 ㊖時期により異なる（御朱印受付は9：00～） ㊡無休
アクセス：JR「原宿」駅から徒歩約1分

関東

茨城県

鹿島神宮

栃木県

日光二荒山神社

宇都宮二荒山神社

群馬県

一之宮貫前神社

埼玉県

武蔵一宮 氷川神社

氷川女體神社

秩父神社

千葉県

香取神宮

玉前神社

安房神社

安房国一宮 洲崎神社

神奈川県

鶴岡八幡宮

寒川神社

鹿島神宮

かしまじんぐう

総合運 縁結び 仕事・学業運 金運 安産 健康運

縁起は神代に遡る 関東随一の古社

社伝によると、神武天皇が東征の途中に窮地に陥ったが、武甕槌大神（たけみかづちのおおかみ）の降した韴霊剣（ふつのみたまのつるぎ）の神威で危機を脱することができた。その神恩に感謝して、神武天皇即位の年に、この地に武甕槌大神を勅祭したのが、鹿島神宮の始まりであるという。神武天皇を救った韴霊剣は、奈良県天理市の石上神宮の神体山に埋め収められたと伝わる。

鹿島神宮にもまた、韴霊剣が保存されている。約1300年前（奈良～平安時代）に鍛錬された、全長約2.7mに及ぶ直刀である。「二代目の韴霊剣」と解釈され、昭和30（1955）年に国宝に指定された。

古墳時代から奈良・平安時代にかけて、鹿島神宮は東夷平定のための祭祀を行う関東の最前線。重要な拠点であったという。

朝廷とのゆかりが深いだけに、例祭には今も6年に1度、勅使が派遣され、12年に1度、水上の一大祭典である「御船祭」が催行されている。

1

2

祭神　**武甕槌大神**（たけみかづちのおおかみ）

所在地	茨城県鹿嶋市宮中2306-1
TEL	0299･82･1209
料金	参拝無料
見学時間	参拝自由（御朱印･授与品･祈祷は8:30～16:30）
休み	なし
アクセス	JR「鹿島神宮」駅から徒歩約10分

御朱印情報▶P140

鹿島神宮提供

3

4

1.拝殿は元和5（1619）年に徳川2代将軍・秀忠が寄進したもので、国指定重要文化財。**2.**西の一之鳥居。水上鳥居としては国内最大といわれる。**3.**澄んだ湧き水をたたえる「御手洗池」。遊歩道も整備されている。**4.**12年に1度、催行される御船祭。

広々とした境内地は東京ドーム12個分公園や池もある

奥宮

おくみや

江戸初期の貴重な建築を現代に残す

慶長10(1605)年に徳川家康が本殿として奉納したもの。元和5(1619)年、新たな社殿を建造するにあたり現在地に移した。国の重要文化財に指定されている。奥宮の前には芭蕉の句碑もある。

鹿園

ろくえん

国譲り神話にも登場する神の使い

境内には鹿園もある。奈良の春日大社を創建する際に鹿島の神様の分霊を鹿の背中に乗せて、返したと伝わる。現在の鹿は、鹿島神宮から移された春日大社の鹿の子孫を、再び受け継いだもの。

大鳥居

おおとりい

東日本大震災で倒壊した鳥居を再建

以前は御影石でできていたが、境内に自生する杉の巨木を使って同寸法の大鳥居を建造。平成26(2014)年に完成した。

要石

かなめいし

地中深く埋まった不思議な石

地震を起こすナマズの頭を押さえていると信じられていた。水戸光圀が掘り出そうとしたが、できなかったという。

旅情を味わうモデルコース

広大な敷地を持つ鹿島神宮では参道や境内の自然も満喫。
海岸の景色やグルメも楽しむなら、車があると便利

ミニ博物館ココシカ

みにはくぶつかんここしか

神社の歴史やご利益を参拝前に予習

参道沿いにある博物館。鹿嶋市の郷土資料を展示するほか、鹿島神宮の歴史やご利益、正しい参拝の仕方も学べる。

☎0299・94・8161 住鹿嶋市宮中1-5-23 営10:00～16:00 休無休 ¥無料

湧水茶屋 一休

わきみずちゃや ひとやすみ

神宮に湧き上がる名水を使用

名物の焼だんごや、そば、コーヒーなどを提供。全ての料理に、御手洗池に湧く天然水を使用している。

☎0299・82・4393 住鹿嶋市宮中2306-1 鹿島神宮境内御手洗池付近 営9:30～17:00 休無休

浜焼き 漁師小屋

はまやき りょうしごや

地元で漁業を営む幸栄丸の直営店

殻付きのかきを缶の中で蒸し焼きにする「ガンガン焼き」が自慢。鹿島沖で獲れたばかりの魚介を使った定食や丼も。

☎0299・94・6117 住鹿嶋市平井1128-321 営11:00～15:00、17:30～21:00 休月火

大野潮騒はまなす公園

おおのしおさいはまなすこうえん

潮騒を聞きながら花々や景色を愛でる

ハマナスをはじめ季節の花々や、沢や池の景観を楽しみながら散策できる。公園全体を360度見渡せる「宇宙展望塔」も。

☎0299・69・4411 住鹿嶋市角折2096-1 営入園自由 休無休 ¥無料（展望塔施設は営9:00～16:30 休月（祝日の場合翌日）¥一般300円）

Model course

JR鹿島神宮駅
↓ 徒歩8分
ミニ博物館ココシカ
↓ 徒歩4分
鹿島神宮
↓ 徒歩7分
湧水茶屋 一休
↓ 車10分
浜焼き 漁師小屋
↓ 車10分
大野潮騒はまなす公園
↓ 徒歩11分
鹿島臨海鉄道長者ケ浜潮騒はまなす公園前駅

TOPICS

色鮮やかな囃人が歌い歩く春の大祭

毎年3月の「祭頭祭」では、周辺50余の地区から選ばれた2地区が祭頭囃（さいとうばやし）を奉納。多くの囃人（はやしびと）が行列を成し、かし棒を組んでは解きを繰り返し「鹿島神宮祭頭歌」を歌って練り歩く。

日光二荒山神社

にっこうふたらさんじんじゃ

総合運　美容・健康運　縁結び　仕事・学業運　金運　安産

日光男体山を御神体とし招福・縁結びにご利益

二荒山神社は、日光の男体山を御神体とし、奈良時代の僧・勝道（しょうどう）上人が開いた。二荒山は男体山の古称である。のちに「二荒」をニコウと音読みし、「日光」という文字をあてたのが、地名の由来と伝わる。

勝道上人は二荒山に入って修行を重ね、弟子とともに寺を建立。その隣に二荒山をまつる祠を築いた。それが二荒山神社の始まりといわれる。上人の晩年、奈良時代の終わりには山上に奥宮、中禅寺湖畔には中宮が創建されたという。日光開山の完成である。

二荒山神社の主祭神は男体山の神様である二荒山大神だが、出雲大社の祭神として知られる大己貴命（おおなむちのみこと）（大国主命）も祀られており、縁結びの神社としても人気がある。

二荒山神社は平成11（1999）年、日光東照宮、日光輪王寺とともに「日光の社寺」として世界遺産に登録された。境内には拝殿や本殿など国の重要文化財に指定された建物が多数ある。

1

2

祭神	大己貴命(おおなむちのみこと)
	田心姫命(たごりひめのみこと)
	味耜高彦根命(あじすきたかひこねのみこと)

御朱印情報▶P140

所在地	栃木県日光市山内2307
TEL	0288・54・0535
料金	参拝無料(本社神苑300円)
見学時間	8:00〜17:00(11〜3月は9:00〜16:00)
休み	なし
アクセス	JR「日光」駅からバスにて約7分、バス停「西参道」から徒歩約7分

3

4

1.二荒山神社の本宮。本殿など11棟が国指定重要文化財。2.正面参道の先にある神門。昭和53(1978)年に造営された。3.縁結びのご利益があるといわれる夫婦杉。4.本殿裏に湧き出る二荒霊泉。澄んだ水で、飲むこともできる。

東照宮、輪王寺と並ぶ 世界遺産構成神社

男体山

なんたいさん

標高約2500mの山頂に 鎮座する奥宮拝殿

日光連山の主峰である男体山を御神体とし、その山頂に奥宮が鎮座する。付近からは奈良時代以降の祭祀遺物が出土し、その多くが重要文化財に指定されている。中宮の祠宝物館で一部を見ることができる。

本殿

ほんでん

元和5(1619)年に造営 創建当時の姿を伝える

二荒山神社の本殿と透かし塀は、世界遺産「日光の社寺」の中で最古の建造物と評されている。国指定重要文化財。ちなみに日光東照宮は元和3(1617)年創建だが、現在の主要社殿は寛永13(1636)年の造営。

楼門

ろうもん

開山1200年を記念して造営

東側参道に立つ二荒山神社楼門。昭和53(1978)年に造営された。その先に見えるのが拝殿。反対側に神門がある。

神橋

しんきょう

日本三大奇橋のひとつ

大谷川に架かる朱塗りの橋。寛永13(1636)年に建設され、明治35(1902)年に流失。2年後に再建された。

旅情を味わうモデルコース

日光二荒山神社を含む世界遺産「日光の社寺」は必見。
参道を歩いて名物グルメやおみやげ探しを満喫しよう

御土産 御食事 きしの

おみやげ おしょくじ きしの

日光ならではのおみやげにグルメ

明治初期創業の老舗で、伝統工芸である日光彫のお盆や手鏡などを販売。喫茶スペースでは湯波定食なども提供する。

☎0288・54・0974 住 日光市山内2281-3 営 9:00～16:00（喫茶スペースは10:45～15:30LO） 休 不定休

日光東照宮

にっこうとうしょうぐう

精密な彫刻が彩るきらびやかな霊廟

徳川家康公を祀る。シンボルともいえる陽明門など、全国の名工により装飾、彫刻が施された社殿群は圧巻の美しさ。

☎0288・54・0560 住 日光市山内2301 営 9:00～17:00（11～3月は～16:00）、最終入場は閉門30分前 休 無休 ¥ 一般1300円

西参道茶屋

にしさんどうちゃや

地元産食材を使ったこだわりメニュー

地元の飲食店4店が、県産食材を生かしたスイーツやドリンクなどを提供。参道の茶屋をイメージした木造平屋建て。

☎03・5962・0102（東武鉄道お客さまセンター） 住 日光市安川町10-20 営 10:00～17:00 休 店舗により異なる

日光田母沢御用邸記念公園

にっこうたもざわごようていきねんこうえん

江戸後期～大正の異なる建築様式が共存

明治32（1899）年造営。天皇・皇太子の静養地として利用された。四季折々の風情を味わえる庭園もある。

☎0288・53・6767 住 日光市本町8-27 営 9:00～17:00（最終受付16:00）※11～3月は～16:30（最終受付15:45） 休 火（祝日の場合翌日） ¥ 一般600円

Model course

JR日光駅
↓ バス16分＋徒歩3分
日光二荒山神社
↓ 徒歩4分
御土産 御食事 きしの
↓ 徒歩1分
日光東照宮
↓ 徒歩5分
西参道茶屋
↓ 徒歩9分
日光田母沢御用邸記念公園
↓ バス14分＋徒歩3分
JR日光駅

TOPICS

4月の日光に春を告げる例祭「弥生祭」

1200年以上の歴史を誇る祭り。造花で飾った「花家体（はなやたい）」11台が繰り出し、境内の石段を駆け上がる。古いしきたりを重んじるがゆえ、トラブルになりやすいことから「ごた祭り」とも呼ばれる。

栃木県　宇都宮市

宇都宮二荒山神社

うつのみやふたあらやまじんじゃ

総合運　美容・健康運　縁結び　仕事・学業運　金運　安産

鳥居をくぐり、参道の階段を上った先にある神門

古代、中世から現在まで 宇都宮発展の中核を担う

かつて二つの峰をもった小高い荒山の近くにあったことから、二荒山神社と呼ばれるようになったという。その後、街路整備などで一方の小寺峰がなくなり、現在は標高約130mの臼ケ峰のみが残されている。

社記によると、創建は仁徳天皇の時代で、下毛野国(しもつけぬくに)の国造(くにのみやつこ)に任じられた奈良別君(ならわけのきみ)が、毛野国(けぬのくに)開拓の祖神である豊城入彦命(とよきいりひこのみこと)を、現在の下之宮に祀ったのが始まりと伝わる。

延喜式神名帳には下野国(しもつけのくに)河内郡の式内社としてその名があり、やがて一之宮としても尊崇を集めるようになった。宇都宮の地名も、イチノミヤが転じたものという説がある。

祭神	豊城入彦命(とよきいりひこのみこと)
	大物主命(おおものぬしのみこと)
	事代主命(ことしろぬしのみこと)

御朱印情報 P140

所在地	栃木県宇都宮市馬場通り1-1-1
TEL	028・622・5271
料金	参拝無料
見学時間	参拝自由(祈祷は9:00〜16:00)
休み	なし
アクセス	東武鉄道「東武宇都宮」駅から徒歩約15分

1

2

3

TOPICS

氏子が神様への御礼を伝える賑わい神事「菊水祭」

毎年10月に開催。例祭の付け祭りで、重陽の節句・菊祭に行うことから名前がついた。祭神が神輿に乗り町を巡る鳳輦渡御(ほうれんとぎょ)などが行われる。

1.参道入口に立つ、控柱のある立派な大鳥居。「(延喜)式内大社二荒山神社」と刻まれた石柱が立つ。2.神門をくぐった先にある拝殿。一対の狛犬が邪気を払う。3.拝殿の奥にある本殿。境内には12の末社がある。

おすすめ立ち寄りスポット

宇都宮城址公園
うつのみやじょうしこうえん

江戸時代中期の宇都宮城本丸の一部を復元。堀や土塁、櫓などのほかガイダンス施設もある。住 宇都宮市本丸町1-15

宇都宮みんみん 本店
うつのみやみんみん ほんてん

老舗の餃子専門店。焼餃子2人前と水餃子がセットの「ダブル・スイ・ライス」が名物。住 宇都宮市馬場通り4-2-3

一之宮貫前神社

いちのみやぬきさきじんじゃ

総合運 美容・健康運 縁結び 仕事・学業運 金運 安産

境内は渓間の低地あるため、下り参道になる。境内入り口の総門から楼門へと向かう

重要文化財の古代鏡など 奈良・平安の歴史を今に

社伝によると、創建は6世紀のはじめ、安閑天皇の時代で、天武天皇の時代には、初の奉幣（ほうべい）があったという。奉幣とは天皇の勅使から供物が献じられることで、中央にまでその名が知られた名社であった。

平安時代になると、延喜式神名帳に上野国（こうずけのくに）の名神大社として記載され、上野国一之宮としても国司や藩主、庶民の尊崇を集めてきた。

現在の本殿や拝殿、楼門などは3代将軍・家光が再建し、のちに5代将軍・綱吉が大幅に改修したもの。国の重要文化財に指定されている。宝物館では、和鏡をはじめ、神宝や祭儀用の神具などを展示している。

祭神	経津主神(ふつぬしのかみ)
	姫大神(ひめおおかみ)

御朱印情報 ▶ P140

所在地	群馬県富岡市一ノ宮1535
TEL	0274・62・2009
料金	参拝無料
見学時間	参拝自由(授与所は9:00～17:00)
休み	なし
アクセス	上信電鉄「上州一ノ宮」駅から徒歩約15分

1

2 富岡市提供

3

TOPICS

カエルのお守り「無事かえる」で交通安全を祈願

戦前、境内のタブの木にカエルの形のサルノコシカケが出現し、戦争に「勝ち帰る」縁起物として話題に。現在は「無事に帰る」に転じ、お守りが授与されている。

1.3代将軍・家光の命により建てられた拝殿。本殿と楼門も同時代の作とされている。**2.**参道は春になると桜のアーチができる。**3.**社地は2万6000坪にも及ぶが、渓間にあるため平地は少なく、ほとんどが森になっている。

おすすめ立ち寄りスポット

社会教育館
しゃかいきょういくかん

昭和11(1936)年に建てられた「東国敬神道場」が前身。ひのき造りの風格ある近代和風建築。住 富岡市一ノ宮1465-1

富岡製糸場
とみおかせいしじょう

明治5(1872)年設立の、日本初の官営模範器械製糸場。創業当初の建造物が残り、世界遺産に登録されている。住 富岡市富岡1-1

富岡市提供

武蔵一宮 氷川神社

むさしいちのみや ひかわじんじゃ

総合運 美容・健康運 縁結び 仕事・学業運 金運 安産

建国に尽くした記紀の神々を祀る

明治元(1868)年、東京遷都後に明治天皇は氷川神社に行幸され、以後、毎年勅使が参向されている。

天皇の勅使が供物を持って定期的に訪れる、由緒ある勅祭社は現在、全国に16社しかなく、氷川神社はそのうちの一つである。

社記によると、創建は2400年以上前、孝昭天皇の時代に遡る。さらに、父である景行天皇に東国征伐を命じられた日本武尊が、鎮定祈願をしたとも伝わる。東国では屈指の名社であり、延喜式神名帳の式内社であることはもちろん、聖武天皇の時代には武蔵国一宮と定められて、多くの人の崇敬を集めてきた。また、古くから武人や軍人にも敬われ、国家鎮護を祈るために訪れる人も多いという。

社のある大宮という地名は、氷川神社という「大きな宮」があることが、その名の由来。境内は3万坪の広さを誇り、東京、埼玉、神奈川を含む武蔵国一円を鎮護する。

1

2

祭神	須佐之男命(すさのおのみこと)
	稲田姫命(いなだひめのみこと)
	大己貴命(おおなむちのみこと)

御朱印情報▶P140

所在地	埼玉県さいたま市大宮区高鼻町1-407
TEL	048・641・0137
料金	参拝無料
見学時間	6:00〜17:00(時期により異なる。お守り授与は8:30〜16:30)
休み	なし
アクセス	JR「大宮」駅から徒歩約15分

3

4

1.楼門、舞殿、拝殿、本殿などの社殿が並んでいる。**2.**神池に架かる神橋を渡ると楼門。その先に拝殿がある。**3.**神池から神橋を望む。池の周辺は秋になると紅葉が美しい。**4.**一の鳥居。木々に囲まれた美しい参道が氷川神社の魅力。

全国に
約280社ある
氷川神社の総本社

拝殿
はいでん

境内にさまざまな神が集う

楼門の内部には舞殿、拝殿、本殿がある。本殿には須佐之男命と稲田姫命の夫婦神、出雲国を築いた大己貴命の三柱が祀られている。楼門の外側には摂社・末社が多数ある。

楼門
ろうもん

主祭神が宿る神域を守る

迫力ある朱塗りの門が緑に映える。楼門と、その両側に続く回廊が境内の一部をぐるりと囲み、その内側に本殿や拝殿などの建物が配置されている。

参道
さんどう

37種を超える樹木が参道を彩る

社地はおよそ3万坪の広さがある。社殿や池や散策路などが評判だが、参道もまた人気のひとつ。600本を超えるケヤキやクスノキ、桜などの下を散策できる。

旅情を味わうモデルコース

日本一長いといわれる約2kmの参道を、休憩しながらぶらり。
隣接する大宮公園など名所も目白押しだ

氷川だんご屋

ひかわだんごや

**どこか懐かしい
氷川参道の名物だんご**

昭和45(1970)年創業。注文後に焼き上げる氷川だんごが名物。創業以来継ぎ足しのしょうゆだれが香ばしい。

☎048・644・3782 住さいたま市大宮区高鼻町2-12 営9:00〜18:30(喫茶は〜17:00) 休月

大宮公園

おおみやこうえん

**小動物園や遊園地など
園内施設も充実**

樹齢100年を超えるアカマツの林や、約1000本の桜など緑豊か。舟遊池とのコントラストも魅力。

☎048・641・6391 住さいたま市大宮区高鼻町4 営入園自由(小動物園、児童遊園地は10:00〜16:00) 休無休(小動物園は月) ¥入園無料

さいたま市大宮盆栽美術館

さいたましおおみやぼんさいびじゅつかん

**館内最大の盆栽
「千代の松」に注目**

季節に合わせ、盆栽や水石、掛け軸などを解説とともに展示。盆栽庭園では常に約60点の盆栽を見られる。

☎048・780・2091 住さいたま市北区土呂町2-24-3 営9:00〜16:30(11〜2月は〜16:00、最終入館は閉館の30分前) 休木(祝日の場合開館) ¥一般310円

鉄道博物館

てつどうはくぶつかん

**鉄道を楽しく学べる
展示が充実**

実物車両や模型などを展示する車両ステーションが見どころの一つ。運転体験ができるシミュレーターなどもある。

☎048・651・0088 住さいたま市大宮区大成町3-47 営10:00〜17:00(最終入館16:30) 休火 ¥一般1330円

Model course

JR大宮駅
↓ 徒歩12分
氷川だんご屋
↓ 徒歩7分
武蔵一宮 氷川神社
↓ 徒歩1分
大宮公園
↓ 徒歩12分
さいたま市大宮盆栽美術館
↓ バス5分＋徒歩19分
鉄道博物館
↓ 徒歩1分
鉄道博物館駅

TOPICS

**約1000軒の
露店が賑わう
「大湯祭」**

毎年11月30日から12月11日までかけて行う長い祭典。9日まで、無病息災を願う前斎が毎夜行われる。10日の本祭に合わせ、福熊手など特別な縁起物が授与される。酉の市がたつため「十日市」とも呼ばれる。

埼玉県　さいたま市

氷川女體神社

ひかわにょたいじんじゃ

総合運　美容・健康運　縁結び　仕事・学業運　安産　商売繁盛

寛文7(1667)年、4代将軍・家綱の命により再建されたもの

稲田の女神が社名の由来 「武蔵野の正倉院」とも

創建は崇神天皇の時代と伝わる。神社名にある「女體」は、祭神の奇稲田姫命(くしいなだひめのみこと)に由来するという。

古事記には「櫛名田比売命(くしなだひめのみこと)」と記述されており、須佐之男命(すさのおのみこと)が八岐大蛇(やまたのおろち)を退治して妃にしたとある。表記が違うだけで同じ姫である。祭神には大己貴命(おおなむちのみこと)(大国主命)も祀られている。創建以来、豊穣と国土繁栄を祈念する場であり、宮下に拡がっていた広大な見沼(御沼)では、古代から享保12(1727)年に干拓されるまで、御船祭が催行されていた。

中世以降、特に幕府などの武家から崇敬された。北条氏や徳川氏の奉納品や歴史資料など文化財を多数所蔵することから、「武蔵野の正倉院」と称される。

祭神	奇稲田姫命（くしいなだひめのみこと）
	三穂津姫命（みほつひめのみこと）
	大己貴命（おおなむちのみこと）

御朱印情報 P141

所在地	埼玉県さいたま市緑区宮本2-17-1
TEL	048・874・6054
料金	参拝無料
見学時間	参拝自由（社務所は9:00～16:00）
休み	なし
アクセス	JR「東浦和」駅からバスにて約10分、バス停「朝日坂上」から徒歩約5分

1

2

TOPICS

神様に仕える「巫女人形」に願いをかける

社務所で授与している素焼きの人形。毎日願い事をし、それが叶えば布や紙で作った衣装を着せ神社に納める。社務所には思い思いに飾られた人形が並ぶ。

1.朱塗りの鳥居と本殿。大宮にある氷川神社（→P52）の「男体社」と対になる社とされる。一宮巡りの始祖でもある江戸時代初期の神道家・橘三喜が、旧神主家の墓地に祀られ静かに眠る。2.御神木のタブ。コブが熊の顔のように見えると話題に。

おすすめ立ち寄りスポット

見沼代用水西縁
みぬまだいようすいにしべり

氷川女體神社付近を通る用水路沿いは、全長約20kmの桜回廊。花や自然が豊かで、季節ごとに異なる風情を味わえる。

さいたま市立浦和博物館
さいたましりつうらわはくぶつかん

埼玉県師範学校校舎の外観を復元した建物で、浦和地域の歴史資料などを展示する。住 さいたま市緑区三室2458

秩父神社

ちちぶじんじゃ

総合運 縁結び 仕事・学業運 金運 安産 厄除け

御本殿。天正20(1592)年に徳川家康が社領と社殿を寄進したと伝わる

知知父国を治めた国造の祖神を祀る

由緒によると、知知父国の初代国造であった知知父彦命(ちちぶひこのみこと)が、祖神である八意思兼命(やごころおもいかねのみこと)を祀ったのが始まりで、崇神天皇の時代と伝えられる。

秩父神社は、埼玉県秩父市に位置し、秩父地方の総社として尊崇を集めてきた。延喜式神名帳の式内社であり、今も関東屈指の由緒ある古社として知られている。

中世以降は妙見信仰と神仏習合し「秩父妙見宮」として隆盛したが、明治の神仏分離令により、「秩父神社」と旧名に復したという。

社殿は徳川家康が寄進したものと伝えられており、県の有形文化財に指定されている。

祭神	八意思兼命(やごころおもいかねのみこと) 知知夫彦命(ちちぶひこのみこと) 天之御中主神(あめのみなかぬしのかみ) 秩父宮雍仁親王(ちちぶのみややすひとしんのう)

御朱印情報 P141

所在地	埼玉県秩父市番場町1-3
TEL	0494・22・0262
料金	参拝無料
見学時間	5:00〜20:00(冬期は6:00〜、神札授与所は8:30〜17:00)
休み	なし
アクセス	秩父鉄道「秩父」駅から徒歩約3分

1

2

3

TOPICS

ユネスコ無形文化遺産登録の師走名物「秩父夜祭」

毎年12月3日に行われる秩父神社の例大祭。提灯やぼんぼりが灯る豪華絢爛な山車6基や大きな花火が夜の街を彩る。日本三大曳山祭の一つ。

1.神門。その先に社殿が見える。**2.**西武秩父駅方面から来ると真っ先に目に入るのが、石造りの立派な鳥居。狛犬も迫力がある。**3.**日光の三猿とは異なり、「よく見て、よく聞いて、よく話す」お元気三猿として親しまれている。

おすすめ立ち寄りスポット

秩父まつり会館

ちちぶまつりかいかん

昭和の名工作の笠鉾、屋台の展示や、プロジェクションマッピングで、秩父夜祭をいつでも体感できる。秩父神社隣接。

八幡屋本店

やはたやほんてん

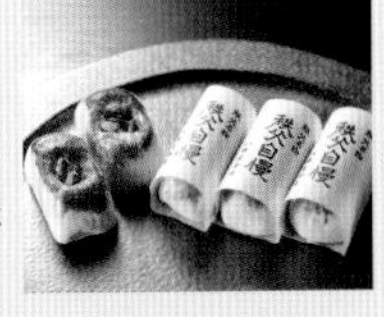

秩父みやげにぴったりな銘菓を販売。栗あんの優しい甘みにクルミを合わせた「秩父自慢」が人気。㊟秩父市番場町8-18

香取神宮

かとりじんぐう

総合運 縁結び 仕事・学業運 安産

元禄13(1700)年に造営された本殿。国の重要文化財に指定されている

重要文化財の本殿や楼門など古社ならではの見どころも多数

出雲の国譲り神話に由来する神社で、天照大神の命で大国主命の元に赴き、武威により国譲りを実現した経津主大神（ふつぬしのおおかみ）を祭神とする。経津主大神は日本書紀に登場し、剣（つるぎ）にまつわる神であるという。

社伝によると、創建は神武天皇の時代。文献上では奈良時代の書物に、すでにその名が見られるため、房総屈指の古社であることは間違いない。延喜式神名帳には伊勢、鹿島と並ぶ「神宮」として記されており、古くから国家鎮護の神社として天皇の庇護を受け、敬われていた。

鎌倉時代以降は武家からの信仰も篤く、現在の社殿は徳川幕府が寄進したものである。

祭神　経津主大神(ふつぬしのおおかみ)

所在地	千葉県香取市香取169-1
TEL	0478・57・3211
料金	参拝無料(宝物館300円)
見学時間	参拝自由(社務所・授与所は8:30〜17:00、祈祷受付は8:30〜16:30)
休み	なし
アクセス	JR「佐原」駅からバスにて約15分、バス停「香取神宮」から徒歩約5分

御朱印情報▶P141

1

2

3

TOPICS

祭神・経津主大神の東国平定を模して行う「神幸祭」

約800年前から伝わる祭事で、毎年4月15日に開催。平安装束をまとった約200人の氏子が神宮周辺を練り歩くほか、神楽や演武の奉納が行われる。

1.本殿と同様、元禄13年に造営された楼門。国指定重要文化財。2.玉砂利が敷かれた参道。両側には桜や楓が植えられており、四季の風情を楽しめる。旧参道もある。3.旧参道沿いにある奥宮。伊勢神宮遷宮の古材が使われている。

おすすめ立ち寄りスポット

岩立本店

いわたてほんてん

明治28(1895)年創業の和菓子店。看板商品は香取神宮の御神水で仕立てたわらび餅。住 香取市香取1896

小江戸さわら舟めぐり

こえどさわらふなめぐり

江戸風情の残る佐原の町並みを水上からゆったりと眺める、約30分の舟下り。乗船場は伊能忠敬旧邸付近。

玉前神社

たまさきじんじゃ

子授け　安産　子育て　美容・健康運　縁結び　仕事・学業運　金運

貞享4（1687）年に建てられた社殿。正面にある高砂の彫刻は左甚五郎の作とも言われる

千年を超える歴史を誇る上総国の一宮

延喜式神名帳に名神大社として記されている上総国の一宮。千葉県一宮町の地名の由来となったと伝わる。

祭神は神武天皇の母親である玉依姫命（たまよりひめのみこと）で、安産のご利益などで知られる。北条政子が安産を願って祈願したとの言い伝えもあるという。

戦国時代に戦火に見舞われ、社殿や宝物、文書などが焼失したため、創建年代や由来などは不詳。とはいえ、延喜式神名帳に記載されていることから、千年以上の歴史がある古社であることは確かである。

9月13日の例祭などで奉納される、県指定無形民俗文化財「上総神楽」でも知られる。

祭神　玉依姫命（たまよりひめのみこと）

所在地	千葉県長生郡一宮町一宮3048
TEL	0475・42・2711
料金	参拝無料
見学時間	参拝自由（授与所は8:00～17:00、祈祷受付は9:00～15:30）
休み	なし
アクセス	JR「上総一ノ宮」駅から徒歩約8分

御朱印情報 P141

1

2

3

1.子宝・子授けイチョウ。子宝に恵まれるとのご利益が。2.玉砂利の上を歩く「はだしの道」。3周すると幸運が訪れるとか。3.参拝者を迎える石鳥居。春には桜が咲く。周辺には御神水が湧き出ており、自由に授かることができる。

TOPICS

裸の男性たちが神輿を担ぐ「上総十二社祭り」

毎年9月13日、例大祭と同日に行われる神幸祭。「上総の裸祭り」とも称され、1000人余の男性たちが玉前神社などの神輿9基を担ぎ、九十九里浜を走る。

おすすめ立ち寄りスポット

城山公園
しろやまこうえん

かつて一宮城があった高台。晴れの日には、展望広場から一宮海岸を見渡せる。春の桜も見どころ。住一宮町一宮3427

一宮町観光協会提供

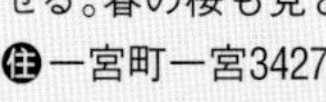

御菓子司 角八本店
おかしつかさ かどはちほんてん

江戸中期から続く老舗和菓子店。ミルクあんを包んだ「一之宮饅頭」のほかフルーツ大福も評判。住一宮町一宮3012

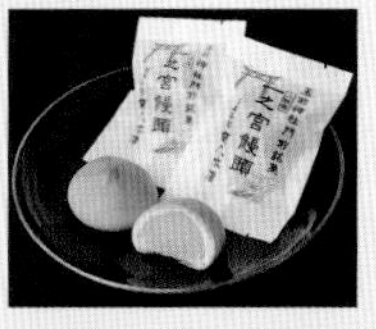

千葉県　館山市

安房神社

あわじんじゃ

総合運　商売繁盛

昭和52(1977)年築造、神明造りの拝殿

古代忌部氏族の流れを引き あらゆる産業の神々を祀る

東国屈指の歴史を誇る古社である。社伝によると、創建は神武天皇の時代で、天皇の命を受けた天富命（あめのとみのみこと）が、阿波国の忌部氏（いんべし）を伴って房総半島に上陸したのが始まりであるという。「安房」の地名は「阿波」から来ているという説もある。

忌部氏は祭具製作や宮廷造営などを担ったヤマト王権の名門氏族。その祖神が天太玉命（あめのふとだまのみこと）である。安房神社本宮の主祭神でもあり、あらゆる産業創始の神として祀られている。

現在地に安房神社が遷座したのは養老元(717)年と伝わる。境内には上の宮(本宮)と下の宮(摂社)のほか、巨大な岩をくりぬいて創建された厳島社(末社)などが鎮座している。

祭神	天太玉命(あめのふとだまのみこと)
	天富命(あめのとみのみこと)

所在地	千葉県館山市大神宮589
TEL	0470・28・0034
料金	参拝無料
見学時間	6:00〜18:00頃(授与所は8:30〜17:00、祈祷・お水取りは9:00〜16:00)
休み	なし
アクセス	JR「館山」駅からバスにて約20分、バス停「安房神社前」から徒歩約10分

御朱印情報 ▶ P141

1

2

3

TOPICS

毎年9月に鶴谷八幡宮で行う「安房国司祭」

通称「やわたんまち」。安房神社などから神輿11基、山車5台が集まる。神輿を左右に振る「もみ」や高く差し上げる「さし」など神輿振りが特徴。

1.白色の神明鳥居が参拝者を迎える。参道には多くの桜が植えられ、春には多くの見物客が訪れる。**2.**拝殿内部。祈祷はここで受ける。奥に見えるのが明治14(1881)年築造の本殿。**3.**樹齢約500年の御神木。

おすすめ立ち寄りスポット

千葉県立 館山野鳥の森

ちばけんりつ たてやまやちょうのもり

特別鳥獣保護区指定の森林で、年間を通して野鳥を観察できる。平砂浦海岸を望む展望台も。㊟館山市大神宮553

館山城・城山公園

たてやまじょう・しろやまこうえん

戦国武将・里見氏の居城跡。日本庭園があるほか、城では『南総里見八犬伝』に関する資料も展示。㊟館山市館山362

安房国一宮 洲崎神社

あわのくにいちのみや すのさきじんじゃ

総合運　美容・健康運　縁結び　仕事・学業運　金運　安産

随身門。高台にある拝殿へは長い階段を上っていく

元の名は「洲神」と延喜式神名帳に記載

房総半島の突端近くに鎮座する神社。縁起は安房神社と同じく、神武天皇と忌部一族に由来する。祭神は、阿波国忌部氏を引き連れて房総に上陸した天太玉命(ふとだまのみこと)(安房神社主祭神)の后神である天比理乃咩命(あめのひりのめのみこと)。海を渡って訪れたということもあり、航海の安全を守る神として篤く敬われた。

源頼朝が伊豆での挙兵に失敗し、海路で安房に逃れたとき、無事に上陸できたことを神助として、洲崎神社に参拝したという記録も残る。

文化9(1812)年には老中だった松平定信が「安房国一之宮　洲崎大明神」の扁額を奉納したと伝わる。これが「一宮」の由来という説もある。

祭神	天比理乃咩命 (あめのひりのめのみこと)

所在地	千葉県館山市洲崎1344
TEL	0470・29・0713
料金	参拝無料
見学時間	参拝自由
休み	なし
アクセス	JR「館山」駅からJRバスにて約40分、バス停「州の崎神社前」からすぐ

御朱印情報▶P141

1

2

3

TOPICS

「厄払い坂」で行う 迫力満点の神輿渡御

神門から本殿までの階段は148段、傾斜約30度の急坂。毎年8月21日の例祭では、神輿をかついでこの階段を降りる「御浜出」が行われる。

1.拝殿。かつては源頼朝も参拝に訪れたという。現在の拝殿の建築年代は明らかでない。2.本殿。館山市指定文化財。安房神社主祭神である天太玉命の后神、天比理乃咩命が祀られているという。3.境内には稲荷神社もある。

おすすめ立ち寄りスポット

洲埼灯台
すのさきとうだい

大正8(1919)年に点灯を開始。中には入れないが眺望台から三浦半島を眺められる。国の登録有形文化財。㊟館山市洲崎1043

写真提供:(公社)千葉県観光物産協会

漁港食堂だいぼ
ぎょこうしょくどうだいぼ

自家保有の漁船から直送する獲れたての海鮮を味わえる。ネタがたっぷりの定置網丼が名物。㊟館山市伊戸963-1

鶴岡八幡宮

つるがおかはちまんぐう

総合運 縁結び 仕事・学業運 安産

舞殿（手前）と本宮。本宮（上宮）は文政11（1828）年に再建された。国指定重要文化財

時代の画期を築いた 鎌倉幕府のシンボル

前九年合戦で安倍一族を平定した陸奥守源頼義が、康平6（1063）年に、京都の石清水八幡宮の分霊を鎌倉由比郷に勧請し、武士の守護神としたのが、鶴岡八幡宮の始まりである。

そのおよそ120年後、平家打倒の兵を挙げた源頼朝が現在地に遷座し、鶴岡八幡宮の基礎を築いたという。治承4（1180）年のことであった。

源頼朝は社殿整備に力を尽くしたが、長い歴史の中で、幾度かの火災に遭って焼失。そのたびに、戦国大名や徳川家などにより修理・造営が行われ、現在に引き継がれている。

破魔矢や太刀など国宝を多数収蔵。流鏑馬発祥の地としても知られる。

※全国一の宮会所属神社として掲載しています。

祭神	応神天皇(おうじんてんのう)
	比売神(ひめがみ)
	神功皇后(じんぐうこうごう)

御朱印情報 P141

所在地	神奈川県鎌倉市雪ノ下2-1-31
TEL	0467・22・0315
料金	参拝無料
見学時間	6:00～21:00(祈祷受付・御朱印、お守りの授与は8:30～16:30)
休み	なし
アクセス	JR「鎌倉」駅から徒歩約10分

1

2

3

TOPICS

多数の国指定重要文化財や国宝を所蔵する

本殿回廊の西側にある宝物殿では、弓や太刀といった武具や装束、工芸品など、神社に伝わる社宝や神宝を展示。神社の歴史について知ることができる。

1.若宮(下宮)は寛永元(1624)年の再建。国指定重要文化財。**2.**室町時代造営の丸山稲荷社の社殿。国指定重要文化財。**3.**由比ヶ浜海岸から八幡宮までの約2kmの参道・若宮大路。正面参道の大石段上からは鎌倉市内を一望できる。

おすすめ立ち寄りスポット

鎌倉彫資料館

かまくらぼりしりょうかん

室町時代から現代のものまで、鎌倉彫約50点を展示。企画展やワークショップも。㊟鎌倉市小町2-15-13 鎌倉彫会館3階

豊島屋菓寮 八十小路

としまやかりょう はとこうじ

鳩サブレーで知られる豊島屋が手掛ける甘味処。上生菓子や本わらび餅が人気。㊟鎌倉市小町2-9-20

寒川神社

さむかわじんじゃ

総合運 美容・健康運 縁結び 仕事・学業運 金運 安産

荘厳で美しい御社殿（拝殿）。相模川河口から約7km離れた森の中に鎮座している

あらゆる災いを除く 八方除の神様を祀る

社伝によると、創建は5世紀ごろ、雄略天皇の時代であるという。延喜式神名帳には相模国として13社が記載されており、寒川神社は名神大社となっている。平安時代にはすでに大きなお宮であったのだろう。

寒川神社は、八方除の神様としてもよく知られる。八方除とは、地相、家相、方位、日柄など四方八方からくる悪事災難を取り除く御神徳のこと。古くは源頼朝や北条義時、武田信玄らの武将、さらに、徳川将軍家などに篤い崇敬を受けていたといわれる。

社殿は南西向きで、古くより江戸城の裏鬼門を守ってきた。江戸時代には関八州有数の神社であったという。

祭神	寒川比古命(さむかわひこのみこと)
	寒川比女命(さむかわひめのみこと)

御朱印情報 P141

所在地	神奈川県高座郡寒川町宮山3916
TEL	0467·75·0004
料金	参拝無料
見学時間	6:00〜日没(御祈祷は8:00〜17:00)
休み	なし
アクセス	JR「宮山」駅から徒歩約5分

1

2

3

TOPICS

御祈祷を受けた人のみ入苑できる御本殿の奥庭「神嶽山神苑」

「八氣(はっけ)の泉」を中心とした日本庭園が広がる。茶室や資料館、神社の起源に関わる「難波(なんば)の小池」も必見。開苑は3月上旬〜12月中旬。

1.神池橋を渡り、三の鳥居をくぐって境内へ。参道は約1kmあり、入口に一の鳥居、途中に二の鳥居がある。**2.**社殿前にある御神木。**3.**古代中国で天体観測に用いられていた渾天儀(こんてんぎ)を再現。各方角が刻まれている。

おすすめ立ち寄りスポット

水道記念館
すいどうきねんかん

寒川第1浄水場の旧送水ポンプ所を活用した、水や水道について学べる参加体験型の展示施設。住 寒川町宮山4001

一之宮緑道
いちのみやりょくどう

旧国鉄相模線西寒川支線の廃線跡。趣の異なる3つの緑道が続く。広場や公園も。住 寒川町一之宮4-2179-2ほか

ここにも
行きたい！
［2］

明治天皇の思し召しにより創建された

靖國神社

やすくにじんじゃ

祭神　国を守るために尊い命を捧げられた方々の神霊（靖國の大神）

明治34（1901）年に建てられた拝殿。境内にある「遊就館」にもぜひ立ち寄りたい

靖國神社の創建は、明治2（1869）年、明治天皇の勅命によって創建された「招魂社」に始まる。新生日本を築くために一命を捧げた人々の神霊を慰め、その事績を後世に伝えるためであったという。招魂社は同12（1879）年6月4日、「靖國神社」と改称され、現在に至っている。

祭神は嘉永6（1853）年から先の大戦までの国のために命を捧げた人々、246万6千余柱を「靖國の大神」として、身分や勲功、男女の別なく、ひとしく祀っている。

明治天皇の命名による「靖國」という社号は、「国を靖（安）んずる」という意味で、靖國神社は創建以来、祖国の繁栄と平安を願う神社である。

☎03・3261・8326 住 東京都千代田区九段北3-1-1 営 6：00～18：00（11～2月は～17：00）休 無休
アクセス：地下鉄「九段下」駅から徒歩約5分

北陸

新潟県

彌彦神社

居多神社

度津神社

富山県

越中一宮 高瀬神社

氣多神社

雄山神社峰本社

雄山神社中宮祈願殿

雄山神社前立社壇

越中総鎮守一宮 射水神社

石川県

氣多大社

白山比咩神社

福井県

氣比神宮

若狭彦神社

若狭姫神社

彌彦神社

やひこじんじゃ

総合運 美容・健康運 縁結び 仕事・学業運 金運 安産 五穀豊穣

本殿と拝殿は弥彦山を望むように配置されている。社殿奥からの登山道もある

4万坪の広大な境内に 年間140万人が訪れる

社伝によると、彌彦神社の創建は孝安天皇の時代(紀元前)に遡る。古くは伊夜比古神社(いやひこじんじゃ)と表記されたという。

文献上でその名が見られるのは、8世紀前半に編まれた「続日本紀」巻第二。「越後國蒲原郡伊夜比古神」が、干ばつや疫病が流行するたびに人々を救ったため名神に預かる(大意)との記載がある。当時から御神威の高い神社として都にも知られていたようである。

その後、盛衰を繰り返したものの、越後屈指の名社として現在に至る。荘厳だった社殿は明治45(1912)年、門前町で発生した大火により惜しくも焼失したが、大正5(1916)年、以前より増して荘厳な社殿が再建された。

祭神　天香山命（あめのかごやまのみこと）

所在地	新潟県西蒲原郡弥彦村弥彦2887-2
TEL	0256・94・2001
料金	参拝無料（宝物殿300円）
見学時間	日の出～日没
	（祈祷・授与所は8:30～16:00、宝物殿は9:00～16:00）
休み	なし（宝物殿は月、祝日の場合は翌日、及び1、2月）
アクセス	JR「弥彦」駅から徒歩約15分

御朱印情報 ▶ P141

1

2

3

TOPICS

約1000年前から伝わる神事「彌彦燈籠まつり」

毎年7月に行われる。25日夜には約200発の花火が上がる中、人々が2基の神輿や大燈籠を担ぎ町内を巡行する。イベントなども催され町中が賑わう。

1.昭和15（1940）年に建てられた随神門。社殿はいずれも質素ながら格調高い造り。**2.**歴史を感じさせる石橋。山道の途中にあり、木立に囲まれている。**3.**一の鳥居。朱塗りの両部鳥居で、高さが6mある。かつての社殿も朱塗りであったという。

おすすめ立ち寄りスポット

おもてなし広場
おもてなしひろば

フードコートやスイーツ店、農産物直売所などがある。源泉かけ流しの足湯でリラックスも。住 弥彦村弥彦1121

弥彦公園
やひここうえん

約4万坪の広さを誇る彌彦神社外苑。朱色の観月橋が印象的な「もみじ谷」は紅葉の名所。住 弥彦村弥彦667-1

居多神社

こたじんじゃ

縁結び 安産 子宝

社殿。境内にはほかに雁田神社、稲荷神社がある

縁結びで評判の越後国一宮

居多神社文書によると、弘仁4(813)年に従五位下を、貞観3(861)年に従四位下の神位を朝廷から賜ったとあるが、創建年代は不明である。延喜式神名帳には、越後国頸城の式内社として記載されている。祭神は大国主命と妻子の三柱である。古代において出雲国の勢力が古志国(北陸)方面へ進出しており、祭神とのかかわりも推測される。

鎌倉時代の承元元(1207)年には、越後国の国府(上越市)に流罪となった親鸞聖人が参拝した。

本殿は平成20(2008)年に造営されたもの。神殿に安置されている木造狛犬は鎌倉時代の作と推定され、市の文化財に指定されている。

祭神	大国主命(おおくにぬしのみこと)
	奴奈川姫(ぬながわひめ)
	建御名方命(たけみなかたのみこと)

御朱印情報▶P141

所在地	新潟県上越市五智6-1-11
TEL	025・543・4354
料金	参拝無料
見学時間	参拝自由
休み	なし
アクセス	JR・えちごトキめき鉄道「直江津」駅から徒歩約25分

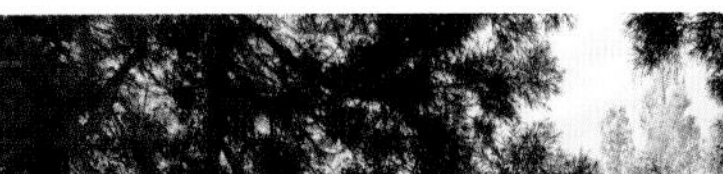

1

3

3

TOPICS

親鸞聖人にまつわる 越後七不思議の一つ「片葉の葦」

境内に群生するアシは、片側にのみ葉が生えている。親鸞聖人が参拝し祈念したところ、一夜にして境内の葦が片葉になったという言い伝えが残る。

1.階段を昇ると鳥居の先に境内が広がる。**2.**主祭神は大国主命と、この地で出会った奴奈川姫とその子供。そうした由来から縁結びの神様として人気がある。**3.**龍の置物がある手水舎。手と口を清めてから参拝を。

おすすめ立ち寄りスポット

居多ヶ浜
こたがはま

流罪となった親鸞聖人が舟で上陸した地と伝わる。日本海を見渡す展望台などがあるほか、近くには記念堂も。㊟上越市五智

上越市立水族博物館 うみがたり
じょうえつしりつすいぞくはくぶつかん うみがたり

日本海に生息する生きものを間近に見られる。360°アクリルガラス水槽「うみがたりチューブ」が見どころ。㊟上越市五智2-15-15

度津神社

わたつじんじゃ

総合運　海上安全　交通安全　大漁満足

度津神社二の鳥居。戦国時代に水害を受けて社殿の場所が変わっている

平安時代から続く佐渡島の一宮

佐渡の島民に古くから崇敬されている、歴史ある神社。

延喜式神名帳の式内社には小社として記載されているが、文明2(1470)年の洪水で社地・社殿が流失。そのときに文書などの資料もすべて失われてしまったため、創建や縁起などについては不明。現在の社殿は流失後に再建されたもので、場所も以前とは異なるとされる。

祭神の五十猛命（いそたけるのみこと）は、日本書紀には素戔嗚尊（すさのおのみこと）の子と記されており、樹木の神であるという。

祭神の由来もまた不明だが、度津神社では交通の守護神として祀られ、初詣スポットとしても有名。多くの人が参拝に訪れている。

祭神　五十猛命（いそたけるのみこと）

所在地	新潟県佐渡市羽茂飯岡550-4
TEL	0259・88・2030
料金	参拝無料
見学時間	参拝自由（社務所は9:00～17:00）
休み	なし
アクセス	佐渡汽船「小木」港から車にて約15分

御朱印情報▶P141

1

2

3

TOPICS

子どもたちによる神事奉納「一ノ宮まつり」

毎年4月23日の例祭では、やぶさめの神事が奉納される。子どもたちが馬に乗り弓矢を射る姿に注目が集まる。稚児の舞や大獅子による厄払いも。

1.神橋と神門。社殿は階段を上がった高台にある。**2.**神門をくぐると、すぐに拝殿。本殿はその先にある。本殿は江戸時代、拝殿は昭和初期の建築。**3.**県道81号から見える一の鳥居が目印。奥に二の鳥居がある。

おすすめ立ち寄りスポット

佐渡植物園
さどしょくぶつえん

佐渡島の自生種を中心とした500種以上の植物を植栽展示。遊歩道や菖蒲園もある。㊟佐渡市羽茂飯岡550-6

佐渡博物館提供

羽茂温泉クアテルメ佐渡
はもちおんせんくあてるめさど

ドイツの緑豊かな温泉をイメージした日帰り入浴施設。ガラス窓の開放的な浴室が魅力。㊟佐渡市羽茂飯岡170-1

越中一宮　髙瀬神社

えっちゅういちのみや　たかせじんじゃ

総合運　美容・健康運　縁結び

令和5（2023）年9月、約50年ぶりに屋根の銅板が葺き替えられた社殿

2000年の歴史を誇る 延喜式内社越中一宮

社伝によると、創建は神代まで遡る。大国主大神が出雲国から越中へと渡り、国土を開拓。民の生活が安定したのち、この地に自らの魂を鎮め、出雲へ戻られたという。

さらに、天武天皇の時代には朝廷より幣帛を受け、治承4年（1180）年には、神社に与えられる神位の最高位である正一位を授けられた。髙瀬神社は、富山県内屈指の歴史と社格を誇る神社の一つといえる。

現在の本殿は昭和22（1947）年に民間からの寄進で建てられたもの。翌年に拝殿が完成している。境内には神話「因幡の白兎」由縁の「なでうさぎ」の像などもある。

祭神　大国主大神（おおくにぬしのおおかみ）

所在地	富山県南砺市高瀬291
TEL	0763・82・0932
料金	参拝無料
見学時間	9:00〜17:00（祈祷受付は9:00〜16:30）
休み	なし
アクセス	JR「福野」駅から車にて約7分

御朱印情報 ▶ P141

1

2

3

TOPICS

風鈴の音色が参拝者を出迎える「夏詣（なつもうで）」

高瀬神社が提唱している夏詣とは、7月1〜7日に参拝し、夏からの残り半年を穏やかに過ごせるよう祈るもの。期間中は限定の御朱印が授与される。

1.御本殿に隣接する巧霊殿。旧本殿で、日清戦争以降の英霊らを祀る。**2.**国歌に歌われる「さざれ石」。子宝の石とも呼ばれる。**3.**なでうさぎ。自身が癒されたいと願うところと同じ部分を撫でると神のご加護をいただけるという。

おすすめ立ち寄りスポット

国指定史跡 高瀬遺跡公園
くにしていしせき たかせいせきこうえん

平安時代初期の荘園の役所の遺構が出土した地。6月には復元した水路にハナショウブやスイレンが咲く。㊟南砺市高瀬736

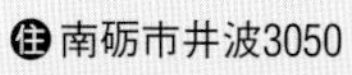

瑞泉寺
ずいせんじ

井波彫刻発祥の寺院。太子堂をはじめ随所に繊細かつ豪華な彫刻が見られる。参道には工房が並ぶ。㊟南砺市井波3050

氣多神社

けたじんじゃ

戦国時代に再建された本殿。室町時代の特徴が見られるという

戦国時代に建立された貴重な本殿が今も残る

社伝によると、氣多神社は天平年間(729～749年)に越中一宮として、氣多大社から大己貴命(おおなむちのみこと)(大国主命)を勧請して創始した。また、養老2(718)年に僧の行基が創建したという説もあるという。いずれにしても、その歴史は奈良時代に遡り、高志国(こしのくに)を平定した大国主命に由来する。

越中には、延喜式神名帳に記された神社が34座もあり、一宮とされる神社も4座ある。氣多神社も、歴史と格式を備えた、そのうちの一つである。

現在の社殿は永禄年間(1558～1570年)ごろに再建されたもので、国指定重要文化財。質素な造りながら、風格を漂わせている。

祭神	**大己貴命**(おおなむちのみこと)
	奴奈加波比賣命(ぬなかわひめのみこと)
	事代主命(ことしろぬしのみこと)
	菊理姫命(くくりひめのみこと)

所在地	富山県高岡市伏木一宮1-10-1
TEL	0766・44・1836
料金	参拝無料
見学時間	参拝自由
休み	なし
アクセス	JR「伏木」駅から徒歩約25分

1

2

3

TOPICS

神社の創建前から湧き出る「清泉」の名水

階段のふもとに「氣多神社の清泉」がある。神社創建前から湧き出ていたとされ、神事やみそぎに使われたという。「とやまの名水」66選にも選ばれている。

1.参道の階段を上ると拝殿、その奥に本殿がある。**2.**大伴家持を祀った境内摂社「大伴神社」。大伴家持は天平18(746)年に越中守として赴任している。**3.**氣多神社境内入口。階段を70段ほど上がると鳥居がある。

おすすめ立ち寄りスポット

高岡市万葉歴史館
たかおかしまんようれきしかん

『万葉集』がテーマの施設。展示や図書閲覧室のほか、万葉集ゆかりの花木を植えた庭も。㊟高岡市伏木一宮1-11-11

雲龍山 勝興寺
うんりゅうざん しょうこうじ

建物の多くが重要文化財。平成の大修理を経て、本堂など2棟が国宝に指定された。㊟高岡市伏木古国府17-1

雄山神社峰本社 おやまじんじゃみねほんしゃ
雄山神社中宮祈願殿 おやまじんじゃちゅうぐうきがんでん
雄山神社前立社壇 おやまじんじゃまえたてしゃだん

総合運 美容・健康運 縁結び 仕事・学業運 金運 安産

里宮として創設された前立社壇の拝殿。奥にある本殿は安土桃山時代の建造で重要文化財

中宮祈願殿は芦峅寺に鎮座
前立社壇本殿は国指定重要文化財

日本三霊山のひとつである立山の主峰・雄山の頂上に鎮座する峰本社、山麓に鎮座する芦峅(あしくら)中宮祈願殿、山々を見渡せる里(平地)に鎮座する岩峅(いわくら)前立社壇の三社からなる。

社伝によると、創建は飛鳥時代で、越中国司・佐伯有若の嫡男・有頼により開山されたという。

立山を神山と仰ぎ、標高3003mの頂上に本社が鎮座。冬は雪深く登山するのが困難だったため、山麓の岩峅寺に社殿を建造して諸祭事を執り行ったと伝わる。

以来、神仏習合の一大霊場として朝廷や武門の保護を受け、敬われてきた。現在も多くの参拝客でにぎわっている。

祭神	伊邪那岐神(いざなぎのかみ)
	天手力雄神(あめのたぢからおのかみ)

TEL	峰本社/なし、中宮祈願殿/076・482・1545、前立社壇/076・483・1148
料金	峰本社/登拝料700円、中宮祈願殿・前立社壇/参拝無料
見学時間	峰本社/参拝自由(開山期間(7/1～9/30)の祈祷は8:00～15:00、社務所は6:00～)、
	中宮祈願殿/参拝自由(祈祷は9:00～15:30)、
	前立社壇/6:00～18:00(御朱印・お守りの授与は8:30～16:30、祈祷受付は～16:00)
休み	峰本社:10/1～6/30、中宮祈願殿・前立社壇:なし
アクセス	峰本社/富山地方鉄道「立山」駅からケーブルカーにて約7分、「美女平」駅から
	バスにて約50分、バス停「室堂ターミナル」から本格登山約2時間、
	祈願殿/富山地方鉄道「千垣」駅からバスにて約5分、バス停「雄山神社前」から約徒歩2分、
	前立社壇/富山地方鉄道「岩峅寺」駅から徒歩約10分

御朱印情報 ▶ P141

所在地

峰本社/富山県立山町芦峅寺立山峰1

中宮祈願殿/富山県立山町芦峅寺2

前立社壇/富山県立山町岩峅寺1

1 2

1.立山山麓の芦峅寺に鎮座する中宮祈願殿の拝殿。境内に隣接して立山博物館がある。2.立山の主峰・雄山頂上の岩頭に鎮座する峰本社。開山期間は7月1日～9月30日まで。

TOPICS

「立山博物館」で立山信仰の舞台について学ぶ

富山県立山博物館では、立山の歴史や立山信仰について展示している。「立山曼荼羅」の世界を体感できる施設もある。㊟ 立山町芦峅寺93-1

おすすめ立ち寄りスポット

富山県 立山カルデラ砂防博物館

とやまけん たてやまかるでらさぼうはくぶつかん

立山の自然や立山カルデラについて紹介。土砂災害を防ぐ技術についても学べる。㊟ 立山町芦峅寺ブナ坂68

立山グリーンパーク吉峰

たてやまぐりーんぱーくよしみね

天然温泉、バーベキュー、キャンプなどの設備が充実。自然豊かで散策も楽しい。宿泊施設もある。㊟ 立山町吉峰野開12

越中総鎮守一宮 射水神社

えっちゅうそうちんじゅいちのみや いみずじんじゃ

総合運 美容・健康運 縁結び 仕事・学業運 金運 安産

伊勢神宮から特別拝受した鳥居と、菊花御紋幕の外拝殿

二上山を祀る神社として創建され明治8(1875)年に現在地に遷座

射水神社の名は、古代の史書である『国造本紀(こくぞうほんぎ)』に記された「伊弥頭(いみず)国造」に由来するという。平安時代に編纂された同書は、大化の改新以前の国造(くにのみやつこ)名などを記した史料価値の高い書で、当地の豪族が尊崇したことを示している。

創建は太古に遡り、もともとは霊山である二上山(ふたがみやま)そのものを祀る神社であった。なお、古い記録には祭神が「二上神(ふたがみのかみ)」と記されている。

千年余にわたって二上山麓に社殿を構えていたが、明治に入り、国幣中社に列格、高岡城本丸跡に遷座された。明治35(1902)年築造の社殿は、伊東忠太氏の設計である。歴史ある神社だけに、摂末社は今も二上山に鎮座している。

祭神　瓊瓊杵尊（ににぎのみこと）

所在地	富山県高岡市古城1-1
TEL	0766·22·3104
料金	参拝無料
見学時間	5:00〜19:00（季節により異なる、授与品・社務所は9:00〜17:00）
休み	なし
アクセス	JR・あいの風とやま鉄道「高岡」駅より徒歩約10分

御朱印情報 ▶ P141

1

2

3

TOPICS

誰でも参拝できる月初めの祭典「朔日祭（ついたちさい）」

毎月1日に催行される朔日祭では、神楽舞の奉納が行われる。神前には月替わりの和菓子「つきたて菓子」が供えられ、祭典後は参拝者に授与される。

1.中央に見える森が高岡古城公園で、かつての城郭跡に社殿を構える。写真上に見えるのが神山の二上山。**2.**咲き誇る紅白の梅の木。紅梅は御神木の「八重紅梅」。**3.**外拝殿。伊勢神宮に準拠した神明造の社殿。

おすすめ立ち寄りスポット

高岡古城公園
たかおかこじょうこうえん

加賀藩2代藩主・前田利長が築いた高岡城の城跡で、敷地の約3分の1が水濠。動物園や茶屋などもある。射水神社隣接。

高岡市美術館
たかおかしびじゅつかん

「ものづくりのまち高岡」をテーマに企画展を開催。地元産の石や鋳物技術を生かした建築にも注目。
㊟高岡市中川1-1-30

氣多大社

けたたいしゃ

総合運 健康運 縁結び 学業運 金運・商売繁盛 運気上昇

大伴家持ゆかりの越中国屈指の大社

天平20(748)年、奈良時代の官人・歌人であった大伴家持は、越中守として氣多大社を訪れた。そのときに詠んだ歌が万葉集に残されている。

延喜式神名帳には、但馬、能登、越中、越後の各地に「氣多」と名付けられた神社が多くあり、その神威は、越中だけでなく、中央にまで及んでいたという。氣多大社は、出雲から新潟に至る要路上にあり、重要な祭祀の場として古代から重要視されていたと考えられている。いわば拠点ともいえる神社であったのだろう。

現在、氣多大社境内にある拝殿や本殿、境内摂社の若宮神社本殿や白山神社本殿などは国指定重要文化財。ほかにも神門などの文化財が多数ある。

さらに、加賀藩によって保護されてきた社叢(しゃそう)は、樹齢300～500年の広葉樹が自生し、国の天然記念物に指定されている。神域「入らずの森」として神聖視され、滅多に入ることのできない静寂な森。氣多大社は、境内のあちらこちらに深遠な太古の息吹を、今なお宿している。

1

2

祭神	大己貴命(おおなむちのみこと)
御朱印情報	P141

所在地	石川県羽咋市寺家町ク1-1
TEL	0767・22・0602
料金	参拝無料
見学時間	参拝自由
休み	なし
アクセス	JR「羽咋」駅からバスにて約10分、バス停「一の宮」から徒歩約5分

氣多大社提供

3

4

1.神門。四脚門という形式で、桃山時代の建造。国指定重要文化財。**2.**3月18日から23日まで神輿行列が能登路を巡行する平国祭。「おいで祭り」とも呼ばれる。**3.**むすび石。縁結びのご利益のある神社として人気。**4.**12月16日未明に行われる鵜祭。

神気に満ちた境内で出合ういにしえの建物と自然林

本殿

ほんでん

神仏習合の影響を受けた社殿建築 両脇に白山と若宮の各摂社が鎮座

母屋の両側に長い庇（向拝（こうはい））が伸びる両流れ造りの本殿。この形をした本殿は少なく、松尾大社や厳島神社などでしか見られないという。天明7（1787）年の建造。国指定重要文化財。

拝殿

はいでん

江戸時代初期に建造

入母屋造り、檜皮葺（ひわだぶき）の拝殿。梁に承応2（1653）年から同3（1654）年にかけて建造されたということが墨書されているという。簡素ながらも力強い造り。国指定重要文化財。

氣多大社社叢

けたたいしゃしゃそう

太古から続く神秘の森

推定面積約2万6000㎡の自然林で、国の天然記念物。神域「入らずの森」とされる。奥には入れないが、社殿全体が森に覆われているため、その息吹は十分に感じられる。

旅情を味わうモデルコース

氣多大社がある羽咋（はくい）市には、個性豊かな見どころが点在する。
一泊して、海辺の絶景やグルメをじっくり楽しむのもおすすめ

宇宙科学博物館 コスモアイル羽咋

うちゅうかがくはくぶつかん こすもあいるはくい

UFOの町・羽咋で本物の宇宙船を展示

宇宙船など海外製の宇宙機材を多数展示する。宇宙に関する映像を上映するコスモシアターもある。

☎0767・22・9888 住羽咋市鶴多町免田25 営8:30～17:00（最終入場16:30） 休火（祝日の場合翌平日） ¥宇宙科学展示室・コスモシアター各500円、共通900円

Loo樹アウトドアパーク

るーじゅあうとどあぱーく

レストラン併設の海が見えるキャンプ場

海を眺めながらバーベキューやキャンプが楽しめる。レストランでは、海鮮料理やスイーツなども提供。

☎0767・23・4560 住羽咋市滝町ワ58-4 営11:30～19:30（土日祝は9:00～） 休水・木、ほか不定休あり

妙成寺

みょうじょうじ

多数の文化財を有す前田家ゆかりの名刹

シンボルの五重塔をはじめ10棟の建物が国指定重要文化財。「3堂横並び」の建物配置や庭園など見どころ豊富。

☎0767・27・1226 住羽咋市滝谷町ヨ-1 営8:00～17:00（11～3月は～16:30） 休無休 ¥一般500円

休暇村能登千里浜

きゅうかむらのとちりはま

和モダンなホテルで温泉や旬の味覚を堪能

春の能登ふぐ、秋ののどぐろなど能登の旬の食材を味わえる。やわらかい泉質の源泉かけ流し温泉も評判。

☎0767・22・4121 住羽咋市羽咋町オ70 営10:00～17:00 ¥1泊1名1万2000円～

Model course

JR羽咋駅
↓ 徒歩13分
宇宙科学博物館 コスモアイル羽咋
↓ バス10分＋徒歩19分
氣多大社
↓ バス2分＋徒歩15分
Loo樹アウトドアパーク
↓ バス7分＋徒歩14分
妙成寺
↓ バス13分＋徒歩14分
休暇村能登千里浜
↓ バス8分＋徒歩14分
JR羽咋駅

TOPICS

心と心を結ぶ「ついたち結び」で良縁祈願

縁結びのご利益で知られる氣多大社。毎月1日には、「ついたち結び」を開催。拝殿にて、誰でも無料で縁結び祈願を受けられる。祝詞奏上、巫女による舞などが行われた後、参拝者が玉串を奉納する。

白山比咩神社

しらやまひめじんじゃ

総合運 健康運 縁結び 学業運

白山比咩神社本宮の外拝殿。直会殿(なおらいでん)、拝殿、幣殿、本殿が一直線に並ぶ

白山頂上に奥宮が鎮座 白山市内の本宮で遥拝も

白山を御神体とする全国白山神社の総本宮であり、白山の頂上に奥宮が鎮座する。白山は富士山、立山と並ぶ日本三霊山として山岳信仰の聖地とされてきた。石川、福井、岐阜、富山の4県にまたがる白山の奥宮は、石川県側の白山比咩神社が守っている。

社伝によると、創建は崇神天皇の時代であるという。白山頂上に奥宮が建造されたのは養老2(718)年。僧の泰澄が建造し、その後、各地に白山登拝の拠点となる三つの「馬場」が設けられた。

白山市三宮町にある舟岡山には現在、白山比咩神社創祀の地の碑が立っており、その南側の広々とした社地に本宮が鎮座している。

祭神　菊理媛尊(くくりひめのみこと)

所在地	石川県白山市三宮町ニ105-1
TEL	076・272・0680
料金	参拝無料
見学時間	参拝自由(祈祷は9:00～16:00)
休み	なし
アクセス	北陸鉄道「鶴来」駅からバスにて約5分、バス停「一の宮」から徒歩約5分

御朱印情報▶P141

1

2

3

1.神門をくぐった右側にある白山奥宮遥拝所。白山三山の形をした岩が祀られている。**2.**神馬舎。白山比咩大神を乗せて白山に登拝する神馬の姿を再現した。**3.**表参道手水舎前にある樹齢約800年の御神木(老杉)。

TOPICS

国宝の剣銘「吉光」や多数の重要文化財を所蔵

白山信仰を物語る書跡や絵画、また加賀藩主前田家と関係が深かったことから、ゆかりの刀なども所蔵する。宝物館ではその一部を展示している。

おすすめ立ち寄りスポット

おもてや

あんこがぎっしり入った大判焼きや、地元の魚を楽しめる定食などを提供。白山比咩神社表参道入口。

獅子吼高原

ししくこうげん

標高約650mの高原。山頂までゴンドラで移動できる。グルメスポットなど施設も充実。㊟白山市八幡町リ110

福井県　敦賀市

氣比神宮

けひじんぐう

衣食住　交通安全　縁結び

外拝殿。内拝殿、本殿と一体になって続く。再建後、昭和57(1982)年以降に大改修された

地元では「けいさん」の愛称で親しまれる越前国一宮

縁起によると、仲哀天皇が即位の後、国家の安泰を祈願され、神功皇后は武内宿禰命を従えて参拝したと伝わる。さらに大宝2(702)年には文武天皇の勅命により宮を修営し、仲哀天皇、神功皇后他を合祀した。

延喜式神名帳には「越前國敦賀郡氣比神社七座並名神大社」と記された名社ではあったが、戦国時代には一時、社領を失い荒廃した。しかし、慶長19(1614)年に福井藩祖・結城秀康が社領を寄進。社殿を造営して復興を果たした。このときの本殿はのちに国宝に指定されたが、昭和20(1945)年に戦災で焼失した。現在の社殿は戦後に再建されたものである。

祭神	伊奢沙別命(いざさわけのみこと)
	仲哀天皇(ちゅうあいてんのう)
	神功皇后(じんぐうこうごう)
	応神天皇(おうじんてんのう)
	日本武尊(やまとたけるのみこと)
	玉姫命(たまひめのみこと)
	武内宿禰命(たけのうちのすくねのみこと)

所在地	福井県敦賀市曙町11-68
TEL	0770・22・0794
料金	参拝無料
見学時間	参拝自由(御神札・御神符授与は8:45〜16:45、祈願受付は9:00〜16:00)
休み	なし
アクセス	JR「敦賀」駅から徒歩約15分
御朱印情報	▶P141

1

2

3

TOPICS

市内外から人々が訪れる北陸随一の長祭り

毎年9月2〜15日にかけ行われる例祭は「氣比の長祭」として有名。4日の例大祭では、戦国武将を模した人形を飾った山車(やま)が町内を巡行する。

1.控柱を持つ大鳥居は高さが約10mあり、正保2(1645)年に建造された。国指定重要文化財。日本三大木造鳥居のひとつ。**2.**1300年以上前に境内に湧き出たと伝わり、長命水として親しまれている神水。**3.**境内式内摂社の角鹿神社。

おすすめ立ち寄りスポット

増井弘海堂
ますいこうかいどう

職人が手作業で削ったおぼろ昆布など、昆布の加工品を製造・販売する。100年の歴史をもつ老舗。
住 敦賀市神楽町1-1-12

敦賀市立博物館
つるがしりつはくぶつかん

旧大和田銀行本店本館の建物を活用し、交通の要衝として発展した敦賀の歴史などを紹介する。
住 敦賀市相生町7-8

若狭彦神社

わかさひこじんじゃ

総合運 美容・健康運 縁結び 仕事・学業運 金運 安産

祭神	若狭彦神(彦火火出見尊) (わかさひこのかみ(ひこほほでのみこと))

御朱印情報 ▶ P141

所在地	福井県小浜市竜前28-7
TEL	0770・56・1116
料金	参拝無料
見学時間	参拝自由
休み	なし
アクセス	JR「東小浜」駅から徒歩約30分

1

2

江戸時代造営の本殿はいずれも県指定文化財

若狭彦神社(上社)と若狭姫神社(下者)の両社を総称して、若狭一宮と呼ばれている。下社は、上社の北1.5kmほどの場所にある。

両神社は、記紀に登場する海幸彦、山幸彦の神話に由来している。

若狭彦神社の祭神である彦火火出見尊(ひこほほでのみこと)は、山幸彦のこと。若狭姫神社の祭神である豊玉姫命(とよたまひめのみこと)は、山幸彦の妻のことである。

縁起によると、若狭彦神社は霊亀元(715)年の鎮座、若狭姫神社は養老5(721)年の鎮座と伝わる。

いずれも奈良時代に創建され、延喜式神名帳に名神大社として記された、若狭国屈指の格式ある古社である。

若狭姫神社

わかさひめじんじゃ

総合運　美容・健康運　縁結び　仕事・学業運　金運　安産

祭神	若狭姫神（豊玉姫命） （わかさひこのかみ（とよたまひめのみこと））

御朱印情報▶P142

所在地	福井県小浜市遠敷65-41
TEL	0770・56・1116
料金	参拝無料
見学時間	参拝自由（授与所は10:00～16:00）
休み	なし（授与所は不定休、要問い合わせ）
アクセス	JR「東小浜」駅から徒歩約10分

3

4

TOPICS

家運隆盛、除災招福など篤い守護にあずかれるというお守り

祭神・彦火火出見尊と豊玉姫命が、信仰の象徴として大切にしたという潮干珠・潮満珠にちなんだお守り「幸運の玉」が人気。若狭姫神社で授与。

1.若狭彦神社（上社）本殿の手前にある「神門」。透かし塀になっており、本殿を囲むように造られている。参拝はここで行う。**2.**境内の入り口にある第一鳥居。随神門前に杉木の第二鳥居がある。**3.**若狭姫神社（下社）の神門。造りは若狭彦神社とほぼ同じ。参拝は神門で行う。**4.**本殿内にある御神木の千年杉は圧巻。

おすすめ立ち寄りスポット

萬徳寺

まんとくじ

小浜藩主・酒井家の祈願寺。境内には、江戸時代初期の作庭と伝わる埋石式枯山水庭園が広がる。

住 小浜市金屋74-23

箸匠せいわ

はししょうせいわ

伝統的な若狭塗箸をはじめ、バラエティー豊かな約400種類を取り揃える。箸の研磨体験も人気だ。

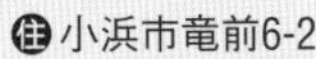

住 小浜市竜前6-2

ここにも
行きたい！
［3］

記紀に登場する日本武尊由縁の神宮。織田信長が必勝祈願も

熱田神宮

あつたじんぐう

祭神　**熱田大神**(あつたのおおかみ)

社殿は戦災を受けて多くが焼失。戦後に再建されたが、現在の社殿は平成21(2009)年に建て替えられたもの

記紀によると、景行天皇の子息であった日本武尊は東征の帰途、尾張の国で宮簀媛命(みやずひめのみこと)を妃とし、「草薙神剣」を留め置かれ、西国へと旅立った。ところがその途中で亡くなってしまう。宮簀媛命はそれを悼み、日本武尊の遺志を重んじて神剣を熱田の宮に祀ったと伝わる。およそ1900年前の出来事である。

熱田神宮は創建以来、伊勢神宮に次ぐ尊い宮として尊崇を集めてきた。約6万坪の境内には樹齢千年を超える大楠などの木々が生い茂り、神域は凛とした空気が漂う。宝物館には6000点以上の収蔵品があり、刀剣を展示する剣の宝庫草薙館も見どころのひとつ。日本の歴史と日本人の心に出合える神社である。

☎052・671・4151 ㊟愛知県名古屋市熱田区神宮1-1-1 ㊖参拝自由(お守り授与は7:00〜日没、祈祷・神楽受付は8:30〜16:00) ㊡無休　アクセス：名古屋鉄道「神宮前」駅から徒歩約3分

甲信・東海

山梨県

甲斐國一宮 淺間神社

長野県

諏訪大社上社本宮

諏訪大社上社前宮

諏訪大社下社秋宮

諏訪大社下社春宮

静岡県

三嶋大社

富士山本宮浅間大社

遠江国一宮 小國神社

事任八幡宮

愛知県

砥鹿神社

真清田神社

尾張國一之宮 大神神社

岐阜県

飛驒一宮 水無神社

南宮大社

三重県

敢國神社

椿大神社

都波岐奈加等神社

伊雑宮

伊射波神社

甲斐國一宮 浅間神社

かいのくにいちのみや あさまじんじゃ

総合運 美容・健康運 縁結び 仕事・学業運 金運 安産

噴火の被害を正面から受けないよう、本殿は富士山に対して90度横向き

富士山鎮護を願って創建 地場ワインと縁の深い古社

社伝によれば、約2000年前、神山（現・神領山（じんりょうさん））のふもとに大山祇命（おおやまつみのみこと）、瓊々杵命（ににぎのみこと）、木花開耶姫命（このはなさくやひめのみこと）の3神を祀ったのが創祀。貞観7（865）年に富士山の貞観大噴火の沈静を願い、富士山鎮護の神様・木花開耶姫命を現在地に遷座した。木花開耶姫命は農業や酒造の守護神でもあり、ブドウ栽培やワイン醸造が盛んな峡東地域（山梨市、笛吹市、甲州市）のワイナリー約40社は毎年ワインを奉納している。御神酒はワインだ。

祭神は古くから良縁・安産・子授けのご利益でも有名。境内の「夫婦梅」は花一つに果実二つを結ぶ梅で、伝承では食べると子宝に恵まれるという。子授祈願を受けると授与される。

祭神　**木花開耶姫命**
（このはなさくやひめのみこと）

御朱印情報▶P142

所在地	山梨県笛吹市一宮町一ノ宮1684
TEL	0553・47・0900
料金	参拝無料
見学時間	8:30～17:00
休み	なし
アクセス	JR「山梨市」駅から車で約10分

1

2

3

TOPICS

神輿の担ぎ手は女装した男性「大神幸祭」

かつて甲府盆地を襲った大水害を契機に始まったとされる水防祈願の祭り。神輿を担ぐ男性は、長襦袢を着て化粧を施すなど女装する習わしがある。

1.ワインを封入した「葡萄酒守」。当社は日本遺産「葡萄畑が織りなす風景」構成文化財でもある。**2.**寛文12（1672）年造営の拝殿は笛吹市指定文化財。入母屋造り銅板葺きで一宮の風格が漂う。**3.**旧社地の元宮は摂社・山宮神社となり、武田信玄が再建した本殿が現存。

おすすめ立ち寄りスポット

マルサマルシェ笛吹店

まるさまるしぇふえふきてん

山梨産の季節のフルーツを使ったパフェやフルーツサンドなどを味わえるカフェ。㊟笛吹市一宮町末木238

ルミエールワイナリー

創業明治18（1885）年の老舗ワイナリー。シャトールミエール（赤）2015 750ml 4,400円などが人気だ。㊟笛吹市一宮町南野呂624

諏訪大社上社本宮

すわたいしゃかみしゃほんみや

祭神　建御名方神(たけみなかたのかみ)

御朱印情報 ▶P142

所在地	長野県諏訪市中洲宮山1
TEL	0266・52・1919
料金	参拝無料
見学時間	参拝自由（祈祷受付は9:00〜16:00）
休み	なし
アクセス	JR「茅野」駅から車にて約15分

1

2

古代祭祀の姿を残す東日本屈指の古社

『諏訪大社由緒略誌』によると、諏訪大社は古来から朝廷の崇敬が厚く、持統天皇5(691)年には勅使が派遣されて国家安泰と五穀豊穣を祈願したという。創建年代は不明だが、東日本屈指の古社と言われている。

諏訪大社は諏訪湖を挟み南に上社、北に下社がある。上社の御神体は神体山（守屋山）である。社殿は本宮と前宮とがあり、本宮は「諏訪造り」という独特の様式である。本殿はないものの、幣拝殿や片拝殿など多数が国の重要文化財に指定されている。

前宮には本殿があり、現在の社殿は昭和7(1932)年に、伊勢神宮の御用材を用いて建てられたものである。

長野県　茅野市

諏訪大社上社前宮

すわたいしゃかみしゃまえみや

祭神　八坂刀売神(やさかとめのかみ)

所在地	長野県茅野市宮川2030
TEL	0266·72·1606
料金	参拝無料
見学時間	参拝自由
休み	なし
アクセス	JR「茅野」駅から車にて約10分

御朱印情報 P142

3

4

TOPICS

1200年以上受け継がれる7年に1度の「御柱祭」

「御柱」とよばれる大木を境内まで運ぶ。氏子が御柱に跨って急坂を下る「木落し」は迫力満点。上社では御柱に「めでどこ」という角のような柱をつける。

1.諏訪大社上社本宮の幣拝殿。四社の中で最も多くの歴史的建造物が残る。**2.**上社本宮の勅願殿。弘化4(1847)年の建造で国指定重要文化財。拝殿や神楽殿なども江戸時代の建造で重要文化財。**3.**上社前宮の本殿。本宮と前宮とは2kmほど離れている。**4.**上社前宮の御柱。境内の4カ所に立てられている。

おすすめ立ち寄りスポット

諏訪市博物館

すわしはくぶつかん

諏訪信仰にまつわる自然環境や歴史を学べる。古代の遺跡のほか、御柱祭についての展示も。㊟ 諏訪市中洲171-2

放浪美術館

ほうろうびじゅつかん

画家・山下清が何度も見物したという諏訪湖の花火を描いた作品など、約170点を展示。㊟ 茅野市ちの2764-3

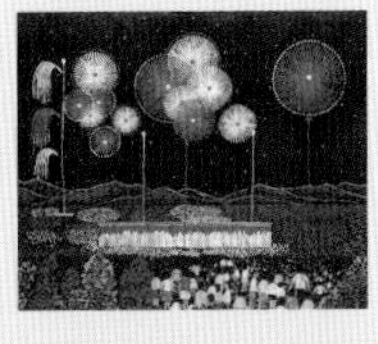

諏訪大社下社秋宮

すわたいしゃしもしゃあきみや

祭神	
	建御名方神(たけみなかたのかみ)
	八坂刀売神(やさかとめのかみ)
	八重事代主神(やえことしろぬしのかみ)

御朱印情報 P142

所在地	長野県諏訪郡下諏訪町5828
TEL	0266·27·8035
料金	参拝無料
見学時間	参拝自由(祈祷受付は9:00～16:00)
休み	なし
アクセス	JR「下諏訪」駅から徒歩約10分

1

2

延喜式神名帳に上社下社ともに信濃国48座の第一に記される

下社には秋宮と春宮とがあり、それぞれ1kmほど離れている。下社秋宮はイチイの木を御神木とし、春宮はスギを御神木としている。いずれも境内で見られる。下社もまた、古代祭祀の姿を色濃く残す古社である。

下社秋宮の社殿は幣拝殿、左右片拝殿、神楽殿が国指定重要文化財。春宮は幣拝殿、左右片拝殿が国指定重要文化財になっている。

諏訪大社といえば、御柱祭(→P103)が有名である。上社下社ともに山から直径約1m、長さ約17mのモミの巨木を切り出して氏子の力で里まで運び、各宮の四隅に立てる。下社の木落しは、最大傾斜約35度の急坂で行う。

諏訪大社下社春宮

すわたいしゃしもしゃはるみや

祭神	建御名方神(たけみなかたのかみ)
	八坂刀売神(やさかとめのかみ)
	八重事代主神(やえことしろぬしのかみ)

御朱印情報▶P142

所在地	長野県諏訪郡下諏訪町193
TEL	0266·27·8316
料金	参拝無料
見学時間	参拝自由
休み	なし
アクセス	JR「下諏訪」駅から徒歩約20分

3

4

TOPICS

ユーモラスな風貌で 人々に親しまれる「万治の石仏」

春宮に奉納する大鳥居を造る際、石工が石にノミを入れると血が出たため、阿弥陀様を刻み万治3(1660)年に建造したと伝わる。春宮から徒歩5分。

1.御幣を奉ずる幣殿と拝殿とが一体になった下社秋宮の幣拝殿。安永10(1781)年の建造。**2.**天保6(1835)年に建造された下社秋宮の神楽殿。国指定重要文化財。**3.**下社春宮境内。幣拝殿は幣殿と拝殿が一棟になっている楼門形式で下社特有の形。配置等は秋宮とほぼ同じ。国指定重要文化財。**4.**下社秋宮の参道入口。

おすすめ立ち寄りスポット

本陣岩波家

ほんじんいわなみけ

明治天皇や和宮がご休息された座敷から中山道随一と称された庭園を観賞できる。㊟下諏訪町横町3492

おんばしら館 よいさ

おんばしらかん よいさ

御柱祭の魅力や歴史を紹介。道具などの展示のほか、御柱に跨り木落し体験ができる装置もある。㊟下諏訪町168-1

三嶋大社

みしまたいしゃ

総合運 縁結び 仕事・学業運 安産

頼朝と政子が祈願を重ねた 伊豆の守り神・三嶋大明神

創建年代は明らかでないが、社伝によると、伊豆半島の根元、伊豆国の国府に、奈良・平安時代のころから鎮座していたと考えられている。三島の地名の由来でもあるという。

三嶋大社の名が広く知られるようになったのは、平安時代末期以降のこと。

伊豆に流されていた源頼朝が幾度も訪れ、源氏再興を祈願していたという。その後、頼朝は平家一門を倒し、鎌倉幕府を開くことになる。頼朝と妻の北条政子は、その神助に感謝し、社領や手箱などを奉納したと伝えられる。以降、明治に至るまで、三嶋大社は伊豆国一宮として武門からの崇敬が厚く、社殿等も寄進によって造営されていった。

北条政子が奉納した「梅蒔絵手箱及び内容品一具」は国宝に指定され、レプリカが三嶋大社宝物館に収蔵されている。慶応2(1866)年造営の本殿は、国指定重要文化財である。

1

2

祭神	大山祇命（おおやまつみのみこと） 積羽八重事代主神 （つみはやえことしろぬしのかみ）

御朱印情報 ▶ P142

所在地	静岡県三島市大宮町2-1-5
TEL	055・975・0172
料金	参拝無料
見学時間	8:30〜16:00
休み	なし
アクセス	JR「三島」駅から徒歩約15分

静岡県観光協会提供

3

4

1.拝殿。その奥に幣殿と本殿がある。3棟が連なる複合社殿で、総ケヤキ素木造り。**2.**石造りの大鳥居。旧東海道に面している。**3.**神池を過ぎると総門が見えてくる。**4.**慶応3（1867）年に完成した神門。三島市指定文化財。

奈良・平安時代から続く境内には千年を超える古木も

舞殿

ぶでん

1年を通して祭事が行われる

さまざまな神事や奉納行事などが行われる。慶応3(1867)年完成の三島市指定文化財。本殿や拝殿などに彫刻を施した伊豆の名工・小沢派による彫刻が、ここでも見られる。

金木犀

きんもくせい

可憐な黄色の花が境内を飾る

推定樹齢1200年といわれるキンモクセイ。満開時には、周囲が甘い香りに包まれる。国の天然記念物に指定されており、毎年9月上旬と下旬の2回、満開になる。

厳島神社

いつくしまじんじゃ

辨天様とも称される

神池の奥に鎮座する摂社。北条政子が勧請し、熱心に信仰したと伝わる。家門繁栄、商売繁盛、安産、裁縫の守護神を祀る。境内にはほかに、神馬舎(しんめしゃ)などの摂社もある。

旅情を味わうモデルコース

富士山の伏流水がいたるところに湧くせせらぎの街、三島。
水辺を歩きながら、グルメスポットや公園に寄り道しよう

福太郎本舗

ふくたろうほんぽ

三嶋大社の名物菓子餅で一休み

こしあんでくるんだ草餅「福太郎」を提供。ヨモギの香りがさわやかで、参拝後の休憩にぴったり。お土産用も販売する。

☎ 055・981・2900 ㊟ 三島市大宮町2-1-5（三嶋大社境内） ㊟ 8:00～16:00 ㊡ 無休　写真提供:静岡県観光協会

うなぎ 桜家

うなぎ さくらや

熟練の焼き技が光る飽きのこない味わい

富士山の伏流水にさらしたうなぎは、脂のバランスが絶妙。備長炭でふっくら焼き上げ、家伝のタレで仕上げる。

☎ 055・975・4520 ㊟ 三島市広小路町13-2 ㊟ 11:00～20:00（売り切れ次第終了、15:30～17:00は準備中の場合あり） ㊡ 水、月1回火

源兵衛川

げんべえがわ

水の都・三島を象徴する風景

楽寿園にある小浜池から流れる全長1.5kmの清流。川の中に木道や飛び石が設けられており、散策が楽しい。

☎ 055・983・2656（三島市商工観光課） ㊟ 三島市芝本町ほか

三島市立公園楽寿園

みしましりつこうえんらくじゅえん

国の天然記念物名勝指定の公園

小浜池やせりの瀬などの天然池泉、数多くの樹木からなる庭園。富士山が噴火した際の溶岩なども見られる。

☎ 055・975・2570 ㊟ 三島市一番町19-3 ㊟ 9:00～17:00（11～3月は～16:30、最終入園は閉園の30分前） ㊡ 月（祝日の場合翌日） ¥ 一般300円

※写真は満水時の小浜池

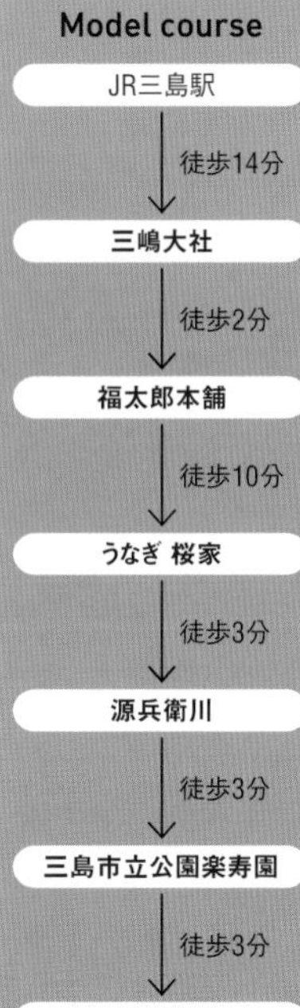

TOPICS

除災招福を祈る「手筒花火神事奉告祭」

毎年8月15～17日開催の三嶋大祭りでは、神事のほか、サンバパレードなどが行われる。16日夜には、花火師が花火筒を脇に抱えたまま花火を打ち上げる。吹き上がる煙が厄を祓い、福を呼ぶと伝わる。

富士山本宮浅間大社

ふじさんほんぐうせんげんたいしゃ

総合運　美容・健康運　縁結び　仕事・学業運　安産

全国に1万3000社余りある浅間神社の総本社

社伝によると、垂仁天皇が富士山噴火による土地の荒廃に心を痛め、浅間大神を祀って山霊を鎮められたのが始まりであるという。現在地に社殿が設けられたのは大同元(806)年と伝わる。

富士山本宮浅間大社は、山頂にある奥宮と富士宮市街地にある本宮とからなる。本宮の境内は1万7000坪にも及び、社殿のほか、摂社や末社なども数多くある。社殿は徳川家康が造営したもので、30余りに及んだという。さらに、富士山8合目以上を境内地として寄進している。

当時の建物は、地震などで倒壊したものもあるが、現在も本殿・拝殿・楼門などが残る。本殿は二重の楼閣造で棟高45尺(約13.5m)。浅間造りと称され他に例がないという。明治40(1907)年に古社特別保護建造物に指定され、現在は国の重要文化財に指定されている。

富士山本宮浅間大社と富士山頂の奥宮、そして末社の久須志(くすし)神社が、富士山世界文化遺産の構成資産に登録されている。

1

2

祭神　木花之佐久夜毘売命
（このはなのさくやひめのみこと）

所在地	静岡県富士宮市宮町1-1
TEL	0544・27・2002
料金	参拝無料
見学時間	参拝自由（開門時間5:00〜20:00、時期により異なる）
休み	なし
アクセス	JR「富士宮」駅から徒歩約10分

御朱印情報▶P142

3

4

1.徳川家康が寄進した社殿。その数は30余りに及んだという。現在も多くが残され、重要文化財などの指定を受けている。**2.**湧玉池。富士山の水脈から湧き出している。**3.**富士山を望む第二鳥居。**4.**流鏑馬像。流鏑馬祭も行われる。

霊山・富士に鎮まるのは 浅間大神（あさまのおおかみ） 木花之佐久夜毘売命（このはなのさくやひめのみこと）

富士山頂上浅間大社奥宮

ふじさんちょうじょうせんげんたいしゃおくみや

開山期には神職が祭祀を行う

富士宮口から登った山頂に鎮座する。7、8月の開山期には神職が滞在し、登拝者の安全祈願や結婚式などの奉仕を行うほか、お札・お守り、御朱印の授与なども行っている。

富士山頂上久須志神社

ふじさんちょうじょうくすしじんじゃ

3つの登山ルートの頂上に鎮座

須走口、吉田口、河口湖口の登山道から登った頂上に鎮座する。浅間大社奥宮の末社で、8月15日には例祭が行われる。大名牟遅命（おおなむちのみこと）、少彦名命（すくなひこなのみこと）を祀っている。

楼門

ろうもん

本宮に立つ江戸時代建造の文化財

正面・左右脇に扉が付いた入母屋造りの楼門。左右には随身（ずいじん）（護衛の像）があり、背銘に慶長19（1614）年と記されている。扁額は文政2（1819）年、盈仁（えいにん）親王の筆によるもの。

旅情を味わうモデルコース

門前にはご当地グルメが楽しめる屋台村・お宮横丁が。
富士山の眺望も満喫しつつ、その歴史や文化を学びたい

富士宮やきそばアンテナショップ

ふじのみややきそばあんてなしょっぷ

シンプルな具材が光る 王道のご当地グルメ

もちもちとした蒸し麺に、具材は肉かす、キャベツ、ネギ、イワシの削り粉のみ使用。高火力で焼き上げうま味を引き出す。

☎0544・22・5341 住 富士宮市宮町4-23 お宮横丁内 営 10:00～16:30LO 休 無休

静岡県富士山世界遺産センター

しずおかけんふじさんせかいいさんせんたー

世界遺産 富士山を 守り伝える拠点施設

富士山の自然や文化について展示。らせんスロープで富士登山を疑似体験できる。最上階から富士山を眺めることも。

☎0544・21・3776 住 富士宮市宮町5-12 営 9:00～17:00（7～8月は～18:00、最終入館は閉館の30分前）休 第3火、施設点検日 ¥ 常設展一般300円、企画展は展示により異なる

たこまん長屋門

たこまんながやもん

歴史ある門の先で営む スイーツショップ

県産食材にこだわったお菓子を販売。カフェでは軽食のほか、掛川栗のしぼりたて生モンブランパフェなどを提供する。

☎0544・25・1088 住 富士宮市大宮町6-22 営 10:00～16:00 休 火

増田屋本店

ますだやほんてん

創業者兄弟が考案した 看板商品「曽我漬」

大正7（1918）年創業の漬物店。大根やきゅうりの歯ごたえ、わさびと酒粕の甘辛い味わいがクセになる曽我漬などを販売。

☎0544・26・3380 住 富士宮市中央町8-13 営 9:00～19:00 休 水

Model course

JR富士宮駅
↓ 徒歩11分
富士山本宮浅間大社
↓ 徒歩1分
富士宮やきそばアンテナショップ
↓ 徒歩3分
静岡県富士山世界遺産センター
↓ 徒歩6分
たこまん長屋門
↓ 徒歩8分
増田屋本店
↓ 徒歩3分
JR富士宮駅

TOPICS

古式ゆかしい 源頼朝ゆかりの 「流鏑馬祭」

毎年5月4～6日に行う。本祭の5日には、市の無形民俗文化財である古式の「浅間大社流鏑馬式」や、小笠原流で行う「神事流鏑馬式」を奉納する。当たり的は縁起物として参拝者に授与される。

遠江国一宮 小國神社

とおとうみのくにいちのみや おくにじんじゃ

総合運 美容・健康運 縁結び 仕事・学業運 金運 安産

檜皮葺の社殿改修「令和のお屋根替え」は令和5(2023)年10月末に完了予定

神々の鎮まる広大な森に 大国様を祀る癒しの古社

「小國」は神々が鎮まる場所の意。古代の森が息づく神域は四季の自然美に彩られ「癒しの斎庭(ゆにわ)」と呼ばれる。祭神は縁結び・厄除け・心願成就などの神徳をもつ大己貴命(おおなむちのみこと)(大国様(だいこくさま))。社伝によれば、欽明天皇の時代、本宮山に神霊が現れ、約6km山麓の現在地に社殿を造営したのが創祀という。

戦国時代には、武田方が本陣とするのを防ぐため、徳川家康が社殿を焼き払った記録も残る。家康は社殿群を再建したが、明治時代の火災で焼失。現社殿は明治19(1886)年の再建で、本殿は出雲大社と同じ形の1/2サイズ。檜皮葺(ひわだぶき)の屋根は約45年に1度の改修中だ。境内には縁結びの御神木「ひょうの木」などもある。

祭神　大己貴命(おおなむちのみこと)

所在地	静岡県周智郡森町一宮3956-1
TEL	0538·89·7302
料金	参拝無料
見学時間	参拝自由(社務所受付は8:30〜16:00)
休み	なし
アクセス	天竜浜名湖鉄道「遠江一宮」駅から車にて約7分

御朱印情報 ▶ P142

1

2

3

TOPICS

国や地域の安寧を祈って舞う「古式十二段舞楽」

子どもによる稚児舞6段と、大人による大舞(ふとまい)6段からなる。1300年以上の歴史があり、現在も毎年4月に奉奏する。国指定重要無形民俗文化財。

1.秋は御神域を流れる宮川沿いに約1000本のモミジが色づく。約1kmの遊歩道を散策できる。**2.**古代からの大樹の森に包まれた約30万坪の広大な御神域。**3.**徳川家康が腰かけて休息したと伝わる石。後に天下泰平の大願をかなえたことから「立ち上がり石」と呼ばれている。

おすすめ立ち寄りスポット

遠州みもろ焼 別所窯
えんしゅうみもろやき べっしょがま

境内の自然を利用し、素朴で優しい風合いを表現。普段使いしやすいコップや一輪挿しなどもある。小國神社境内。

小國ことまち横丁
おくにことまちよこちょう

和スイーツやお土産を販売する8店が集結。特に名産のお茶製品が豊富に揃う。休憩所も完備。小國神社参道入口。

事任八幡宮

ことのままはちまんぐう

総合運　美容・健康運　縁結び　仕事・学業運　金運　安産

徳川家とも縁があり、本殿扉の金具に菊の紋と葵の紋が刻まれている

言葉のままに願いがかなう 長い歴史を刻む言霊の杜

古来、己等乃麻知比売命（ことのまちひめのみこと）を祀った式内社。成務天皇の治世に創建、坂上田村麻呂が大同2（807）年に現在地に遷宮したと伝わる。願いごとがかなう神社として、『枕草子』『十六夜日記』などに登場し、多くの和歌に詠まれた。

古くは「己等乃麻知神社（ことのまちのかむやしろ）」が社名。源頼義が石清水八幡宮から勧請し、武家社会で「八幡宮」を名乗る。江戸時代は「誉田八幡宮」、終戦後、現社名に改称。「ことのまま」空白の歴史を経て平成11（1999）年、己等乃麻知比売命が主祭神として認められた。主祭神は言霊（ことだま）の神様・興台産命（ここどむすびのみこと）の妻で、言葉で結びを司り、真を知る神。祝詞の神様・天児屋根命（あめのこやねのみこと）の母でもある。

祭神	
	己等乃麻知比売命（ことのまちひめのみこと）
	息長足比売命（おきながたらしひめのみこと）
	誉田別命（ほむたわけのみこと）
	玉依比売命（たまよりひめのみこと）

御朱印情報 ▶ P142

所在地	静岡県掛川市八坂642
TEL	0537・27・1690
料金	参拝無料
見学時間	参拝自由（神札授与所は9:00~17:00）
休み	なし
アクセス	JR「掛川」駅からバスにて約20分、バス停「ことのまま八幡宮」からすぐ

1

2

3

TOPICS

「そらやれ」の掛け声響く「事任八幡宮例大祭」

毎年9月中旬に3日間かけ行う。大勢の氏子が、丸提灯で華やかに飾られた屋台を引き回すさまは特に見事。神輿渡御や神楽奉納も執り行う。

1. 大楠や御神木の大杉など、天に向かって巨樹・古木がそびえる境内。**2.** 太鼓橋を渡り、石造りの鳥居をくぐり、長い参道を進む。鳥居と拝殿は江戸時代の建造。**3.** 己等乃麻知比売命が最初に祀られた本宮。八幡大神を主祭神とした約1000年の間も、ひっそりと鎮座。

おすすめ立ち寄りスポット

日坂宿
にっさかしゅく

旧東海道の宿場。江戸時代の面影が残る旅籠の川坂屋（写真）や萬屋など一部建物は見学可。㊟ 掛川市日坂149（川坂屋）ほか。

茶舗 山英
ちゃほ やまえい

事任八幡宮ゆかりの茶葉や、茶葉を用いた縁起菓子「ことのままおこし」、「ことのまま緑茶飴」を販売。㊟ 掛川市日坂121

砥鹿神社

とがじんじゃ

総合運　美容・健康運　縁結び　仕事・学業運　金運　安産　交通安全

クスなどの大樹に囲まれた里宮の拝殿は、総檜造りで荘厳な佇まい

山頂の奥宮と山麓の里宮 二所一体で大己貴命を祀る

社名の由来は神代、国づくりを終えて諸国を巡行中の大己貴命（大国主命）が、神霊を止め置く「止所」を本茂山（本宮山）に定めたという社伝に基づく。大宝年間（701～704年）、神託により現在地に里宮を創建。山頂の奥宮と山麓の里宮、二所一体で大己貴命を祀る式内社である。「大国様」と親しまれる祭神は家運隆盛、厄除、縁結びなど多彩なご利益で有名だ。

里宮境内は四季の自然豊かで、本社のほか、商売繁盛のご利益で知られる摂社・三河えびす社がある。日本最大級のさざれ石や神亀石など、パワーストーンも点在。境外末社も多く、東海地方の総鎮守として崇敬を集めている。

祭神　大己貴命(おおなむちのみこと)

御朱印情報▶P142

所在地	愛知県豊川市一宮町西垣内2
TEL	0533・93・2001
料金	参拝無料
見学時間	参拝自由(お守り・御朱印は9:00~16:30、祈祷は9:00〜)
休み	なし
アクセス	JR「三河一宮」駅から徒歩約5分

1

2

3

TOPICS

馬に乗り手放しで疾走する少年たちの勇壮な姿

例祭に合わせ、毎年5月3、4日に流鏑馬が行われる。武者として騎乗するのは小〜中学生。馬の上で両手を広げ、鮮やかな5色の布をなびかせる。

1.大己貴命を祀る里宮本殿。**2.**標高789m、本宮山頂の奥宮。本社下方の末社・守見殿神社は1月の「宝印祭」で秘伝の宝印が授与される。**3.**高さ2.6m、横幅3.4m、小石が巨大な岩となったさざれ石。別名「開運石」「子産(こうみ)石」で、触れるとご利益を授かるという。

おすすめ立ち寄りスポット

大和の大いちょう

やまとのおおいちょう

高さ約25m、枝は水平方向に10m以上あり、11月下旬〜12月上旬が見頃。新緑も魅力だ。㊟豊川市豊津町割田53-1

豊川稲荷(豊川閣妙厳寺)

とよかわいなり(とよかわかくみょうごんじ)

商売繁盛のご利益で知られる、日本三大稲荷の一つ。1000点以上の狐像を祀る霊狐塚など見どころ多数。㊟豊川市豊川町1

真清田神社

ますみだじんじゃ

総合運　縁結び　仕事・学業運　安産

再建された社殿は拝殿・祭文殿・渡殿・本殿が連接した独特の造り

尾張氏の奉斎神を祀る
華麗壮大な社殿群が見事

古代豪族・尾張氏の祖神で、太陽を神格化した神・天火明命（あめのほあがりのみこと）を祭神とし、社伝では神武天皇の時代の創建と伝わる。延喜式神名帳には、尾張国の名神大社として記載されている。鎌倉時代に順徳天皇が多数奉納した舞楽面のうち、12面が国指定重要文化財。江戸時代には尾張徳川家から崇敬を受けた。

左右対称の配置が独特な尾張造りの旧社殿は空襲で焼失。6年に及ぶ復興造営事業により、昭和32(1957)年、木曽ヒノキを使った社殿が完成した。本殿と渡殿は国登録有形文化財。境内摂社・服織（はとり）神社の祭神は機織りの守護神・萬幡豊秋津師比賣命（よろづはたとよあきつしひめのみこと）で、地場産業の繊維業の神として信仰を集めている。

祭神	天火明命（あめのほあかりのみこと）

御朱印情報▶P142

所在地	愛知県一宮市真清田1-2-1
TEL	0586·73·5196
料金	参拝無料
見学時間	9:00〜17:00
休み	なし
アクセス	JR「尾張一宮」駅または名古屋鉄道「名鉄一宮」駅から徒歩約8分

1

2

3

TOPICS

一宮市の夏の風物詩「一宮七夕まつり」

古くから織物の一大産地として知られる一宮。昭和31（1956）年、地場産業の発展を願って、織物と縁の深い織女（織姫）にちなみ始まった祭り。

1.約3万㎡の社域に摂社2社、末社11社が点在。龍神伝説の残る神池のほとりに八龍神社、厳島社が鎮座。**2.**重厚な趣の楼門は昭和36（1961）年に再建。**3.**摂社・服織神社の祭神は別名「棚機姫神（たなばたひめのかみ）」。七夕伝説にちなんだ縁結び・安産の神としても人気。

おすすめ立ち寄りスポット

Re-TAiL

りている

築90年のレトロなビルに、織物産地・一宮らしい繊維やデザインのアトリエ&ショップが集結。㊟ 一宮市栄4-5-11

三八屋

さんぱちや

クラフトビール醸造所併設のカフェ。地ビールのほか、一宮オリジナルのコーヒーを楽しめる。㊟ 一宮市本町4-1-9

尾張國一之宮 大神神社

おわりのくにいちのみや おおみわじんじゃ

総合運 美容・健康運 縁結び 仕事・学業運 金運 安産

ピンクの建物が目を引く拝殿。奥に大社造りの本殿がある

奈良の大神神社を勧請 真清田神社の対の宮

奈良県に鎮座する日本最古級の神社と同名。美和郷と呼ばれた地で、大和国から移り住んだ大神氏（三輪氏）の人々が、故郷の大神神社を勧請したと考えられている。祭神は大物主神（おおものぬしのかみ）。大国主命（おおくにぬしのみこと）の和魂（にきたま）（神が持つ霊魂のうち柔和・仁慈な霊力）とされ、国家守護、五穀豊穣などのご利益で知られる。

尾張国一宮は大神神社と真清田神社（→P120）の2社で、両社を「相殿・対の宮」としてまとめて指定されたという。天正12（1584）年の戦乱で社殿を焼失したが、神輿は真清田神社に運ばれ難を逃れたとの記録が残る。江戸後期の作とされる木造狛犬1対を所蔵。市の文化財として、一宮市博物館に保管されている。

祭神　大物主神(おおものぬしのかみ)

所在地	愛知県一宮市花池2-15-28
TEL	0586・45・5846
料金	参拝無料
見学時間	参拝自由(社務所は10:00〜12:00、13:00〜15:00)
休み	なし(社務所は不定休)
アクセス	名古屋鉄道「妙興寺」駅から徒歩約10分

御朱印情報▶P142

1

2

3

1.約5600㎡の境内に、本殿、拝殿のほか境内社6社が鎮座。神馬像には三杉の神紋がある。2.延喜式神名帳に「大神神社 名神大」とある名神大社。安土桃山時代に浅井長時の戦乱により社殿を焼失するまでは、広大な神域を有したという。3.心身を清める手水所。

TOPICS

神様が休憩または宿泊する場所「御旅所(おたびしょ)」

神社の祭礼の際に、神様(神輿)が休憩・宿泊する場所。大神神社の御旅所は、神社から徒歩20分ほどの場所(一宮市大和町宮地花池出町地内)にある。

おすすめ立ち寄りスポット

一宮市博物館
いちのみやしはくぶつかん

実物展示などを通して、一宮市の歴史を学べる。土・日曜には機織りや糸紡ぎ体験も実施。㊟一宮市大和町妙興寺2390

珈琲 池田屋
こーひー いけだや

和の趣を感じる喫茶店で、店内はテーブル席と座敷がある。名物はキューブトースト。㊟一宮市観音寺2-3-10

飛騨一宮 水無神社

ひだいちのみや みなしじんじゃ

総合運 美容・健康運 縁結び 仕事・学業運 安産 開運厄除

社名の水無は「水主」の意味。現在の社殿は昭和10(1935)年に造営

水源地に祀る水主神 古来の霊峰・位山が御神体山

主祭神の御歳大神(みとしのおおかみ)をはじめ、合わせて15柱を「水無大神」として祀る(水無大神は御歳大神と同一説もある)。宮川の源流にして、飛騨川との分水嶺である位山(くらいやま)を御神体山とし、頂上付近に奥宮が鎮座。水源を司る水主神(みぬしのかみ)、分水嶺の水分神(みくまりのかみ)として水徳を仰がれてきた。水は農作物とも関わりが深く、「作神様(さくがみ)」として、農耕・養蚕・畜産守護、健康長寿の神徳で知られる。

創始は神代とされる延喜式内社で、鎌倉時代は「水無大菩薩」と称し社運隆盛だったが、戦乱に関わり荒廃。再興は江戸時代で、飛騨高山藩祖・金森長近が拝殿(現・絵馬殿)を造営し、歴代藩主から庶民まで広く信仰を集めた。

祭神　水無大神(みなしのおおかみ)

所在地	岐阜県高山市一之宮町5323
TEL	0577・53・2001
料金	参拝無料
見学時間	参拝自由(社務所は8:30〜16:30、祈祷受付は9:00〜16:00)
休み	なし
アクセス	JR「飛騨一ノ宮」駅から徒歩約8分

御朱印情報▶P142

1

2

3

TOPICS

平安朝の衣装で練り歩く「飛騨生きびな祭」

農業の振興と女性の幸福を願う祭りで、例年4月3日に行われる。飛騨地域の未婚女性9人が内裏などの雛人形に扮し、町内を練り歩く生きびな行列が見どころ。

1.神馬舎に白・黒の神馬を安置。黒馬は名匠・左甚五郎の作と伝わる。**2.**樹齢約800年の杉やイチョウがそびえる境内。明治時代に宮司を務めた島崎正樹(文豪・藤村の父)の歌碑もある。**3.**5月2日の例祭。闘鶏楽、神代踊、獅子舞が奉納され、どぶろくが振る舞われる。

おすすめ立ち寄りスポット

お宿 すみれ荘
おやど すみれそう

飛騨牛や山菜など地場食材を使った料理が自慢の民宿。山菜狩りや川釣りなども楽しめる。㊟高山市一之宮町5293-3

古い町並
ふるいまちなみ

昔ながらの町並みを残す、飛騨高山の人気観光スポット。江戸末期〜明治中期の建物が並ぶ。㊟高山市上一之町ほか。

岐阜県　垂井町

南宮大社

なんぐうたいしゃ

総合運　美容・健康運　縁結び　金運　安産

楼門から本殿まで東西に一直線、回廊が南北に一直線という独特の造り

朱塗りの社殿が鮮やか!
鉱山・鉄鋼業の総本宮

延喜式神名帳に「仲山金山彦神社（なかやまかなやまひこ）」とある名神大社。神武天皇の時代に創建、崇神天皇の治世に現在地に遷座と伝わる。社名は国府の南の意。社殿は関ケ原の戦いで焼失するも、徳川家光が再建。江戸時代の建築様式を今に残す。式年遷宮は室町時代から50年ごとに挙行。昭和48(1973)年の実施後は50年を待たず、平成の大改修が完了した平成30(2018)年に営まれた。

主祭神は鉄鉱・鉱山を司る金山彦大神（かなやまひこのおおかみ）、相殿神は農業の守護神・彦火火出見尊（ひこほほでみのみこと）と、地元神と思われる見野命（みののみこと）。全国の鉱山・金属業の総本宮で、貴重な刀剣「太刀銘三条」「太刀銘康光」を所蔵。金山大祭では刃物の鍛錬式も行われる。

祭神　金山彦大神(かなやまひこのおおかみ)

所在地	岐阜県不破郡垂井町宮代1734-1
TEL	0584・22・1225
料金	参拝無料
見学時間	5:00〜18:00(10/15〜4/15は6:00〜17:00)
休み	なし
アクセス	JR「垂井」駅から徒歩約20分

御朱印情報▶P142

1

2

3

TOPICS

昔ながらの鍛錬式は必見！「金山大祭」

毎年11月8日に開催。高舞殿で、鍛冶職人による鍛錬式が行われ、祭り当日は全国から金属業者が参拝に訪れる。「鞴(ふいご)祭」とも呼ばれる。

1.入母屋造りに向唐破風付きの拝殿を含む18棟が国指定重要文化財。境内には朱塗りの社殿50余棟が点在し、和様と唐様を混用した独特の様式が特徴。2.神様が通る太鼓橋と楼門。3.鉄鋼業の神・金山彦大神にふさわしい鉄製の大鳥居。高さ21mで町の名所の一つ。

垂井宿
たるいじゅく

中山道と美濃路の分岐点にあり、交通の要衝として発展。長浜屋などの旧旅籠屋が残る。㊟垂井町垂井1227(長浜屋)

写真提供:垂井町

垂井の泉
たるいのいずみ

県指定天然記念物の大ケヤキの根元から湧出。「垂井」の地名の起源になったともいわれている。㊟垂井町垂井1348

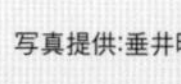

写真提供:垂井町

敢國神社

あえくにじんじゃ

総合運　縁結び　仕事・学業運　金運　安産

社殿や社記は織田信長の兵火により焼失。江戸時代初めに再建された

大彦命を主神に3神を祀る伊賀忍者ゆかりの式内社

社伝によれば658年、大彦命、少彦名命（すくなひこなのみこと）の2神で創建された。大彦命は四道将軍の一人として北陸地方を平定後、伊賀国を開拓。子孫は居住地・阿拝（あえ）郡の地名から「あべ」姓の総祖神となった。伊賀地方の古代豪族・秦氏が信仰し、南宮山に祀っていた少彦名命は、創建時に現在地に遷座。旧社地には南宮大社の祭神・金山比咩命（かなやまひめのみこと）を勧請したが、貞元2（977）年、神託により合祀。3神を祀る神社となった。

伊賀忍者の服部氏ともゆかりが深く、一族の奇祭「黒党（くろんど）まつり」が行われていた。祭りは平成7（1995）年、450年ぶりに復活。伝統忍者集団・黒党による演武などが毎年奉納されている。

祭神	大彦命(おおひこのみこと)
	少彦名命(すくなひこなのみこと)
	金山比咩命(かなやまひめのみこと)

御朱印情報 ▶ P142

所在地	三重県伊賀市一之宮877
TEL	0595・23・3061
料金	参拝無料
見学時間	8:30～16:00(祈祷受付は9:00～15:00)
休み	なし
アクセス	JR「佐那具」駅から徒歩約30分

1

2

3

TOPICS

県指定無形民俗文化財の「獅子神楽」

慶長年間(1596～1615年)に伊賀国中を巡奉したと伝わる。毎年1月3日の舞初祭、4月17日の舞上祭、12月5日のおんまつりで見ることができる。

1.主神・大彦命、配神・少彦名命、金山比咩命の3柱を祀る延喜式内社。**2.**神徳はそれぞれ、交通安全・健康長寿、商売繁盛・大漁豊穣、近代産業の守護神として知られる。**3.**境内には末社7社が鎮座。中でも縁結びの霊験あらたかな「むすび社」が有名。

おすすめ立ち寄りスポット

伊賀上野城

いがうえのじょう

現在の天守は、昭和10(1935)年に建てられた木造模擬天守。本丸の三方を囲む高石垣は圧巻。㊟伊賀市上野丸之内106

伊賀流忍者博物館

いがりゅうにんじゃはくぶつかん

写真提供:伊賀流忍者博物館

さまざまな仕掛けが施された忍者屋敷や伊賀流忍者の歴史を学べる資料館などがある。㊟伊賀市上野丸之内117

椿大神社

つばきおおかみやしろ

総合運 美容・健康運 縁結び 仕事・学業運 金運 安産

本殿は総檜の神明造り。主祭神の猿田彦大神をはじめ、32神を合祀

猿田彦大神の総本社 芸能・縁結びの神も鎮座

紀元前3年、倭姫命(やまとひめのみこと)の神託により草創と伝わる日本最古級の神社。山岳信仰の霊山・入道ヶ岳(高山)が背後にそびえ、山頂に奥宮が鎮座。中世には修験神道の中心地となった。

天孫降臨の道案内をした導きの祖神・猿田彦大神(さるたひこのおおかみ)を祀る全国の神社の総本宮で、境内に猿田彦大神の墓所とされる「高山土公神陵(たかやまどこうじんりょう)」もある。

相殿神に天孫の瓊々杵尊(ににぎのみこと)、織物の女神・栲幡千々姫命(たくはたちちひめのみこと)。主祭神の妻・天之鈿女命(あめのうずめのみこと)は別宮椿岸(つばききし)神社に祀られ、芸能や縁結びの神様として信仰を集める。このほか、多数の摂社・末社、なでると願いがかなうという「招福の玉」などのパワースポットが境内に点在している。

祭神　猿田彦大神（さるたひこのおおかみ）

所在地	三重県鈴鹿市山本町1871
TEL	059・371・1515
料金	参拝無料
見学時間	5:00〜19:00（11〜4月は〜18:00、授与所は8:00〜17:00）
休み	なし
アクセス	近畿日本鉄道「近鉄四日市」駅からバスにて約55分、バス停「椿大神社」から徒歩約5分

御朱印情報 ▶ P142

1

2

3

TOPICS

芸能まつりとも呼ばれる「扇感謝祭及び古扇焚き上げ式」

毎年3月上旬に椿岸神社で開催。芸道上達を願う「芸道上達祈願祭」と、稽古に使った扇や筆などの道具を焚き上げて感謝する「古扇焚き上げ式」を行う。

1.滝行の場「金龍明神の滝」に流れる清水は、下流の「かなえ滝」で触れられる。待ち受けにすると願いが叶うと人気。**2.**神気に包まれ、樹木が並ぶ参道。**3.**芸事や縁結びにご利益があるとされる別宮椿岸神社。天之鈿女命を祀る全国の神社の総本宮。

おすすめ立ち寄りスポット

お食事処つばき
おしょくじどころつばき

名物の椿とりめしは、50年以上変わらぬ味で参拝者に愛される混ぜご飯。持ち帰り弁当も販売。椿大神社境内 椿会館内。

椿茶園
つばきさえん

お茶農家が営むカフェで、日本茶を注文すると一杯ずつ丁寧に入れてくれる。茶葉は5種類。㊟ 鈴鹿市山本町1795-1

三重県　鈴鹿市

都波岐奈加等神社

つばきなかとじんじゃ

総合運　縁結び　仕事・学業運　金運

平成9(1997)年、不審火により一部焼失。翌年、再建された拝殿

弘法大師の獅子頭を祀る 中戸流獅子舞発祥の社

社伝では都波岐、奈加等の2社とも雄略天皇の時代、伊勢国造（いせのくにのみやつこ）により現在地に創建。明治時代に合併した。

弘法大師・空海が獅子頭を奉納した記録があり、織田信長の伊勢侵攻の際、兵火で社殿を焼失するが、この獅子頭は難を逃れたという。鈴鹿市は昔から獅子舞が盛んで、伊勢地方4流派のうち中戸流の起源が本社である。

祭神は都波岐神社が道開きの祖神・猿田彦大神（さるたひこのおおかみ）。奈加等神社は、初代祭主である中跡直山部広幡（なかとのあたいやまべのひろはた）の祖神・天椹野命（あめのくぬのみこと）、海の神・中筒之男命（なかつつのおのみこと）で、祭神3柱を1つの社殿に祀る。猿田彦大神と中筒之男命は三韓征伐の際、日本水軍を守護し、新羅の将を海に沈めたとされる。

祭神	猿田彦大神(さるたひこのおおかみ)
	天椹野命(あめのくぬのみこと)
	中筒之男命(なかつつのおのみこと)

御朱印情報 P142

所在地	三重県鈴鹿市一ノ宮町1181
TEL	059·383·9698
料金	参拝無料
見学時間	9:00〜16:30
休み	なし(社務所は土日のみ対応)
アクセス	JR「河原田」駅から徒歩約25分

1

2

3

TOPICS

伊勢地方4流派
四山の獅子のひとつを奉納

毎年10月に行われる例大祭で「中戸流獅子舞」が奉納される。頭を噛む祈祷も。例大祭の日限定で、古くから神社に伝わる御神体の獅子頭も見ることができる。

1.本殿。弘法大師が奉納したと伝わる獅子頭2体を御神体として祀る。**2.**「都波岐神社」「奈加等神社」の社号標2本が鳥居の前に並ぶ。**3.**月替わりで内容が変わる花手水を令和3(2021)年から実施。季節の花と御神体の獅子頭で彩られた月替わりの「季節の御朱印」もある。

おすすめ立ち寄りスポット

龍光寺
りょうこうじ

応永30(1423)年の創建と伝わる古刹。毎年3月中旬の3日間、「寝釈迦まつり」が開催される。㊟ 鈴鹿市神戸2-20-8

長太の大楠
なごのおおくす

樹齢1000年を超えると伝わる楠。高さ約26m、幹の直径約2.6mの大木で、県の天然記念物。㊟ 鈴鹿市南長太町285(周辺)。

伊雑宮

いざわのみや

総合運

写真提供:神宮司庁

伊勢神宮と同じ神明造の本殿。直近の式年遷宮は平成26(2014)年

山海の幸の豊穣を祈る 皇大神宮(内宮)の遥宮

伊勢神宮・皇大神宮(こうたいじんぐう)(内宮)の別宮10所のうち、唯一伊勢国外にある「遥宮(とおのみや)」。鎌倉時代の神道書『倭姫命世記(やまとひめのみこと)』によると、約2000年前、倭姫命が御贄(みにえ)の献上地を探して志摩国を巡行中、伊佐波登美命(いざわとみのみこと)が出迎えた当地を選定。神殿を建て、天照大御神(あまてらすおおみかみ)の御魂(みたま)を祀ったという。志摩地方は古来、朝廷や神宮の御料を貢進した「御食国(みけつくに)」で、人々は伊雑宮でも豊作豊漁を祈った。

江戸時代に伊雑宮参りが人気を博すと、本殿は金銅の飾り金物で装飾されたが、明治42(1909)年度の遷宮から装飾を外し、他の別宮と同じ様式に変更。伊勢神宮同様、20年に1度式年遷宮が営まれ、古代と同じ姿を見せている。

祭神　天照大御神御魂
（あまてらすおおみかみのみたま）

所在地	三重県志摩市磯部町上之郷374
TEL	0599・55・0038
料金	参拝無料
見学時間	5:00〜18:00（5〜8月は〜19:00、10〜12月は〜17:00）
休み	なし
アクセス	近畿日本鉄道「上之郷」駅から徒歩約3分

写真提供:神宮司庁

1

写真提供:神宮司庁

2

写真提供:神宮司庁

3

写真提供:神宮司庁

TOPICS

日本三大御田植祭りのひとつ「御田植式」

隣接の御料田（神様に捧げるお米を作る田んぼ）で、毎年6月24日に行われる神事。「磯部の御神田（おみた）」として重要無形民俗文化財に指定されている。

1.手や口を清める手水舎（てみずしゃ）。**2.**道路に面した鳥居。境内は「巾着楠」などの見どころも。**3.**昔ながらの方法で火を起こし、神様に供える神饌（しんせん）を調える「忌火屋殿（いみびやでん）」（右）と、祭典の前に神饌や神職を祓い清める「祓所（はらえど）」。

おすすめ立ち寄りスポット

川うめ
かわうめ

天保元（1830）年創業のうなぎ料理専門店。名物は大葉やネギなどの薬味が入った「川うめ丼」。㊟ 志摩市磯部町迫間3-3

餅喜商店
もちきしょうてん

こし餡を薄く延ばして四角に切った餅で挟んだ、磯部地方の郷土菓子「さわ餅」を販売。㊟ 志摩市磯部町迫間346-8

伊射波神社

いさわじんじゃ

縁結び　海上安全　学業成就　病気平癒　安産

拝殿と本殿は平成13（2001）年、籠堂は平成4（1992）年に造営

海の絶景を望む秘境に鎮座
縁結びの古社“かぶらこさん”

太平洋に突き出た加布良古崎（かぶらこざき）にあり、「かぶらこさん」の愛称で親しまれている。安政元（1854）年の大地震と津波で社殿や古文書が流失し、草創は不明だが、機織りの神・稚日女尊（わかひるめのみこと）の祭祀に始まり、志摩国の海上守護神として崇敬されてきたという。

祭神は、加布良古大明神と同一神の稚日女尊、志摩国の新田開発に貢献した男神・伊佐波登美命（いざわとみのみこと）、伊勢国を平定した天日別命（あめのひわけのみこと）の娘・玉柱屋姫命（たまはしらやひめのみこと）、宗像三女神の1柱で航海の守護神・狭依姫命（さよりひめのみこと）の4柱。女神を祀る鳥羽市内の彦瀧大明神（ひこたきだいみょうじん）、神明神社（しんめいじんじゃ）2社と共に、女性の願いをかなえる「鳥羽三女神（とばさんめしん）」として注目されている。

祭神	稚日女尊(わかひるめのみこと)
	伊佐波登美命(いざわとみのみこと)
	玉柱屋姫命(たまはしらやひめのみこと)
	狭依姫命(さよりひめのみこと)

御朱印情報 P142

所在地	三重県鳥羽市安楽島町1020
TEL	0599･25･4354(宮司宅)
料金	参拝無料
見学時間	参拝自由
休み	なし
アクセス	JR･近畿日本鉄道「鳥羽」駅からバスにて約20分、バス停「安楽島」から徒歩約30分

1

2

TOPICS

自然がつくりだした絶景「奇跡の窓」

本殿の奥に進むと、「奇跡の窓」と呼ばれる加布良古崎の絶景スポットに到着。窓のように一部木々が途切れる場所があり、そこから雄大な海を楽しめる。

1. 駐車場から社殿まで約1.5km。切り通しの竹木立や石畳の古道など、アップダウンの激しい山道を歩く。志摩の多島美を望む絶景ポイントが話題。**2.** 参道の入り口である一の鳥居は海に向かって立っている。昭和初期までは船で参拝していたとされ、その名残りを伝える。

おすすめ立ち寄りスポット

浜辺の宿 かめや

はまべのやど かめや

全室オーシャンビューの温泉宿。伊勢海老や松坂牛など地元食材を使った料理が好評。住 鳥羽市安楽島町893-1

伊勢海老 海鮮蒸し料理 華月

いせえび かいせんむしりょうり かげつ

「伊勢海老の姿蒸し」など素材のうま味を閉じ込めた蒸し料理で、海の幸を堪能できる。昼限定で海鮮丼も。住 鳥羽市大明東町16-3

ここにも
行きたい！
［4］

総氏神・天照大御神を祀る全国の神社約8万社の中心

伊勢神宮

いせじんぐう

祭神　**天照大御神**(あまてらすおおみかみ)　**豊受大御神**(とようけのおおみかみ)

写真提供:神宮司庁

皇大神宮（内宮）の中心「正宮」、内宮、外宮、別宮は20年に1度、社殿を建て替え御神体を遷す式年遷宮を行う

正式名称は「神宮」。天照大御神を祀る皇大神宮（内宮）と豊受大御神を祀る豊受大神宮（外宮）の両正宮と、14の別宮と109の摂社・末社・所管社、計125の宮社が伊勢志摩地域を中心に鎮座。五穀豊穣、国家安泰などを祈願して行う祭りは年間約1500に及ぶ。

創祀は約2000年前。垂仁天皇の皇女・倭姫命が皇祖神・天照大御神を奉じて諸国を巡行した。伊勢国で神託を受け、五十鈴川のほとりに皇大神宮を創建したという。500年後、雄略天皇が夢託を受け、天照大御神の食事を司る神を迎え入れたのが豊受大神宮。神聖な空気に満ちた伊勢参りは時代を超え、多くの参拝者を魅了している。

☎0596・24・1111 ㊟三重県伊勢市宇治館町1（内宮）、三重県伊勢市豊川町279（外宮） ㊠5：00〜18：00（5〜8月は〜19：00、10〜12月は〜17：00）） ㊡無休　アクセス：JR・近畿日本鉄道「伊勢市」駅からバスにて12分、バス停「内宮前」からすぐ（内宮）JR・近畿日本鉄道「伊勢市」駅から徒歩約5分（外宮）

御朱印
カタログ

御朱印カタログ

神社に参拝し神様とのご縁が結ばれた証しに授与される御朱印。
いただく際は、神様や神社の方々への敬意を忘れずに。
※掲載許可をいただけた神社のみ掲載しています。

北海道神宮

P20

500円

岩木山神社

P22

300円

陸中一宮 駒形神社

P24

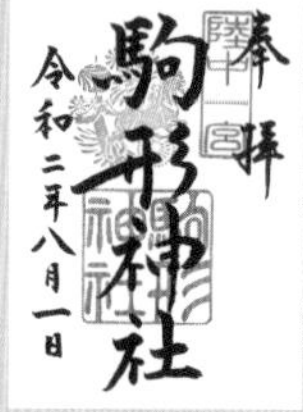

300円　※画像は季節の印 夏バージョン

志波彦神社・鹽竈神社

P26

500円

伊佐須美神社

P32

1000円

鳥海山大物忌神社

P30

500円　※画像は山頂御本社のもの

馬場都々古別神社

P34

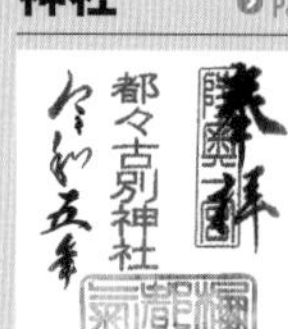

500円

八槻都々古別神社

P35

500円

石都々古和氣神社

P36

400～800円（月変わり）
※画像は令和5年7月のもの

鹿島神宮

P40

500円
※画像は本宮のもの

日光二荒山神社

P44

500円

宇都宮二荒山神社

P48

500円

一之宮 貫前神社

P50

500円

武蔵一宮 氷川神社

P52

500円

氷川女體神社
P56

500円

秩父神社
P58

500円

香取神宮
P60

500円

玉前神社
P62

500円

安房神社
P64

500円

安房国一宮洲崎神社
P66

500円

鶴岡八幡宮
P68

500円

寒川神社
P70

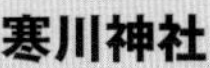

思召し

彌彦神社
P74

500円

居多神社
P76

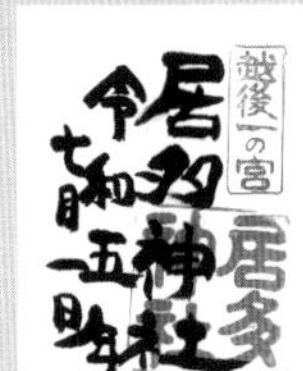

500円

度津神社
P78

300円

越中一宮髙瀬神社
P80

300円

雄山神社峰本社
P84

700円

雄山神社中宮祈願殿
P84

500円

雄山神社前立社壇
P84

500円

越中総鎮守一宮射水神社
P86

500円
※画像は一宮巡り版

氣多大社
P88

300円

白山比咩神社
P92

300円

氣比神宮
P94

300円

若狭彦神社
P96

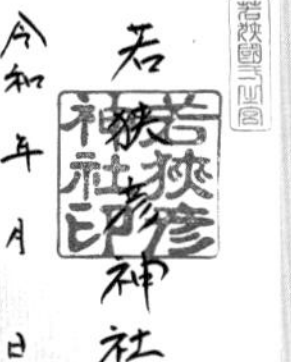

300円　※若狭姫神社の授与所にて授与

若狭姫神社
P97

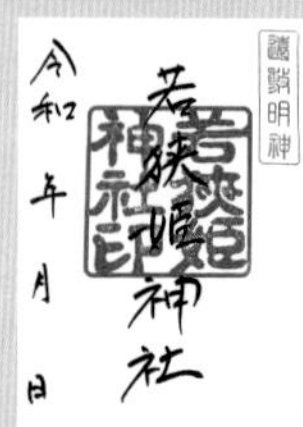

300円

甲斐國一宮 浅間神社
P100

500円

諏訪大社 上社本宮
P102

500円

諏訪大社 上社前宮
P103

500円

諏訪大社 下社秋宮
P104

500円

諏訪大社 下社春宮
P105

500円

三嶋大社
P106

300円

富士山本宮 浅間大社
P110

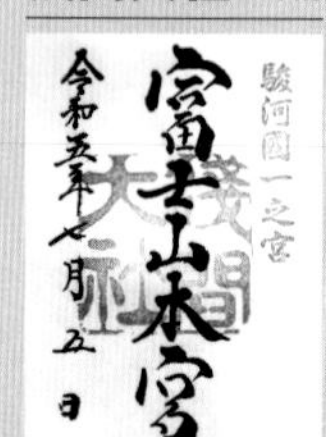

500円

遠江国一宮 小國神社
P114

800円　※画像左は令和5年特別御朱印「家康公の立ち上がり石」。通常の御朱印は500円

事任八幡宮
P116

300円

砥鹿神社
P118

500円
（書置きは300円）

真清田神社
P120

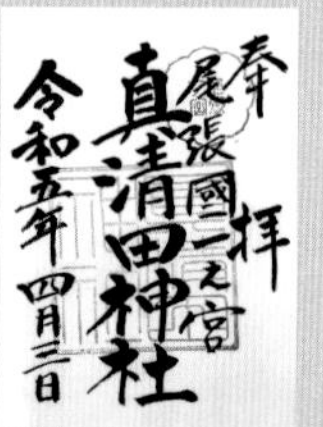

500円

尾張國一之宮 大神神社
P122

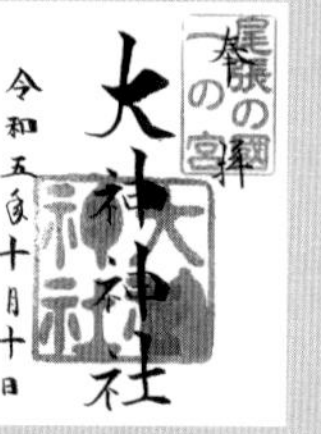

500円

飛騨一宮 水無神社
P124

500円　※画像は金嶺紙仕様のもの

南宮大社
P126

500円

敢國神社
P128

500円

椿大神社
P130

300円

都波岐奈加等神社
P132

500円

伊射波神社
P136

300円

あわせてチェック！

授与品

東日本編

特色あふれるお守りや絵馬、御朱印帳をピックアップ

P.64

安房神社

神事で使われる本麻を使用

順風満帆 追風守
1000円

P.62

玉前神社

サーファーの安全、人生の荒波を越えるご利益も

波乗守 1100円

P.24

陸中一宮 駒形神社

表紙は春の子供騎馬武者行列

御朱印帳 2000円（御朱印料込み）

P.86

越中総鎮守一宮 射水神社

金運向上守
1000円

“種銭”を入れるポケット付き

一守り
1000円

白色は毎月1日限定で授与、金色は御神徳にちなむ籾種（もみだね）入り

P.136

伊射波神社

良縁を結ぶキュートなハート型

縁結び絵馬
500円

P.114

遠江国一宮 小國神社

御神木になる実がモチーフの良縁守り

ひょうの実守り
800円

親子、人、仕事などあらゆる縁を結ぶ

P.92

白山比咩神社

白山さんの結び守
1000円

P.124

飛騨一宮 水無神社

神棚や玄関を飾る家庭や職場の守護絵馬

魔除之絵馬
1000円

源流より力を放つ昇運護符

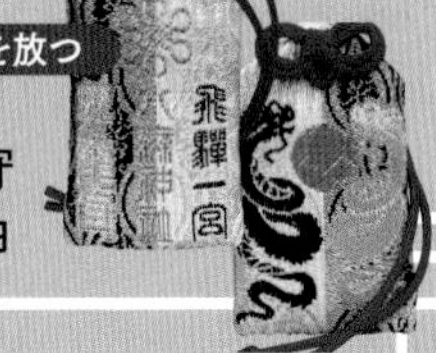

昇龍守
1000円

編集　株式会社ムーブ（小室茉穂、増田留奈）
執筆　株式会社ムーブ（下坂真由美、小室茉穂）、角田真弓

デザイン　高田正基（valium design market inc.）

写真提供　各神社・施設／各市町村観光課・観光協会／
國學院大學「古典文化学」事業ホームページ／PIXTA

主な参考文献　『日本全国 一の宮 巡拝パーフェクトガイド 改訂版』招福探求巡拝の会著（メイツ出版）／『【縮刷版】神道辞典』國學院大學日本文化研究所編集（弘文堂）

主な参考ホームページ
各神社・施設・都道府県・市区町村のオフィシャルホームページ、一の宮巡拝会、
國學院大學「古典文化学」事業 神名データベース、神社人、神社ラボ

取材協力　一の宮巡拝会

シリーズ旅する日本百選③

一宮を訪ねる旅

東日本編

第1刷　2023年10月23日

編者　「一宮を訪ねる旅」製作委員会
発行者　菊地克英
発行　株式会社東京ニュース通信社
〒104-6224 東京都中央区晴海1-8-12
TEL 03-6367-8023
発売　株式会社講談社
〒112-8001 東京都文京区音羽2-12-21
TEL 03-5395-3606

印刷・製本　株式会社シナノ

ISBN978-4-06-533689-2